罗马法与欧洲
一种法律文化的历史

〔英〕
彼得·斯坦
Peter Stein
［著］

柯伟才
［译］

北京大学出版社
PEKING UNIVERSITY PRESS

著作权合同登记号 图字：01-2025-3087
图书在版编目(CIP)数据

罗马法与欧洲：一种法律文化的历史／（英）彼得·斯坦（Peter Stein）著；柯伟才译. -- 北京：北京大学出版社，2025. 8. -- ISBN 978-7-301-36509-0

Ⅰ. D904.1；D909.5
中国国家版本馆 CIP 数据核字第 2025U4U735 号

Originally published as: "Römisches Recht und Europa: Die Geschichte einer Rechtskultur" by Peter G. Stein
Copyright © S. Fischer Verlag GmbH, Frankfurt am Main 1996

书　　　名	罗马法与欧洲：一种法律文化的历史 LUOMAFA YU OUZHOU: YIZHONG FALÜ WENHUA DE LISHI
著作责任者	〔英〕彼得·斯坦（Peter Stein） 著　柯伟才　译
责任编辑	钱　玥
标准书号	ISBN 978-7-301-36509-0
出版发行	北京大学出版社
地　　　址	北京市海淀区成府路 205 号　100871
网　　　址	http://www.pup.cn
新浪微博	@北京大学出版社　@北大出版社法律图书
电子邮箱	编辑部 law@pup.cn　总编室 zpup@pup.cn
电　　　话	邮购部 010-62752015　发行部 010-62750672 编辑部 010-62752027
印刷者	三河市北燕印装有限公司
经销者	新华书店
	787 毫米×1092 毫米　32 开本　8.375 印张　148 千字 2025 年 8 月第 1 版　2025 年 8 月第 1 次印刷
定　　　价	62.00 元

未经许可，不得以任何方式复制或抄袭本书之部分或全部内容。
版权所有，侵权必究
举报电话：010-62752024　电子邮箱：fd@pup.cn
图书如有印装质量问题，请与出版部联系，电话：010-62756370

翻译说明

1. 本书根据德文版：Peter G. Stein, Römisches Recht und Europa: Die Geschichte einer Rechtskultur, übersetzt von Klaus Luig, Fischer Taschenbuch Verlag, Frankfurt am Main 1996 译出，翻译时参考该书英文版：Peter Stein, *Roman Law in European History*, Cambridge University Press 1999。德文版和英文版在内容上没有实质性差别，只是个别"节"的划分和顺序稍有不同。

2. 德文版的参考文献不分章节，按作者姓名首字母顺序统一放在全书正文后，英文版的参考文献放在每一章正文后且按章节编排。译者认为英文版的参考文献更加具体，故在本书中采用。

3. 本书中的人名和地名按通行译法及相关译名手册译出，第一次出现时一般用圆括号标注原文。

缩写表

C.	Codex Justinians (Buch, Titel, Konstitution) 优士丁尼《法典》(卷、题、段)
c.	Chapter 章
Character	P. Stein, *The Character and Influence of the Roman Civil Law: Historical Essays*, London 1988 彼得·斯坦:《罗马市民法的特征及影响:历史论文集》,伦敦:1988年版
C. Th.	Codex Theodosianus 《狄奥多西法典》
D.	Digesten Justinians 优士丁尼《学说汇纂》
Inst.	Institutionen Justinians 优士丁尼《法学阶梯》
TvR	Tijdschrift voor Rechtsgeschiedenis 《法律史杂志》
ZSS(RA)	Zeitschrift der Savigny-Stiftung für Rechtsgeschichte (Romanistische Abteilung) 萨维尼基金杂志(罗马法分部)

大事年表

公元前	753 年	罗马建城
	509 年	罗马共和国建立
	450 年	《十二表法》的制定
	367 年	裁判官职务的设立
	44 年	尤里乌斯·凯撒被谋杀
公元	14 年	奥古斯都去世
大约	161 年	盖尤斯的《法学阶梯》
	212 年	《安东尼谕令》
	312 年	君士坦丁皈依基督教
	395 年	帝国分为东西两个部分
	438 年	《狄奥多西法典》
	476 年	西罗马帝国灭亡
	506 年	西哥特罗马法
	527—565 年	优士丁尼统治
	800 年	查理曼加冕

(续表)

大约	1140 年	《格拉提安教令》
大约	1230 年	阿库修斯的《标准注释书》
1256—1265 年		《七部法典》
1313—1357 年		巴托鲁斯
1495 年		帝国法院建立
1527—1591 年		雨果·多诺鲁斯
1588—1657 年		阿诺尔德·维尼乌斯
1625 年		格劳秀斯的《论战争与和平法》
1646—1716 年		莱布尼茨
1673 年		普芬道夫的《论人与公民的义务》
1689—1690 年		多玛的《自然秩序中的市民法》
1699—1772 年		波蒂埃
1779—1861 年		萨维尼
1794 年		《普鲁士普通邦法》
1804 年		《法国民法典》
1812 年		《奥地利普通民法典》
1817—1892 年		温德沙伊德
1818—1892 年		耶林
1822—1888 年		梅因
1900 年		《德国民法典》

目录

第一章　导论	001
第二章　古代罗马法	007
第三章　优士丁尼法的复兴	071
第四章　罗马法和民族国家	135
第五章　罗马法与法典化	199
译后记	255

ental # 第一章 导论

说起古代古典时期遗留下来的遗产,我们首先会想到的是希腊艺术、希腊戏剧和希腊哲学;当我们转而想到古罗马留给我们的遗产时,首先在脑海中浮现的可能是罗马的道路和罗马的法律。虽然古希腊人对法律的本质及其在社会中的地位进行了大量的思考,然而,古希腊各城邦的法律并不发达,几乎可以说古希腊还不存在法学。相反,古罗马人并没有对法律理论给予太多关注;他们的法哲学主要是从古希腊人那里借鉴来的。他们感兴趣的是规制个人财产的规则,以及一个人可以通过法律程序强制另一个人为他做什么。实际上,罗马法的详尽规则是由职业法学家发展起来的,并且逐渐获得了高度的精细性。罗马法律思维在技术上的优越性使得它对各个时代的职业法律人都有着巨大的吸引力,然而,这也意味着罗马法不易为外行所理解。因此,与艺术和道路相比,罗马法的吸引力没有那么明显。然而,许多个世纪以来,它对于欧洲共同文化观念的形成起到了重要的作用。

我们关于古代罗马法的知识大部分来自公元六世纪拜占庭皇帝优士丁尼下令编订的法律资料汇编。这部汇编所收录的文本是一千余年连续不断的法律发展的产物,在此期间,罗马法形成了某些稳定的特征。在这一千余年中(大约从公元前500年到公元550年),罗马从一个小小的城邦国家扩张为一个世界帝国。在政治上,它首先从一个王国变为一个共和国,然后在公元纪元开始前不久变成了一个帝国。与此同时,其法律也随之调整以适应社会形势的变化。然而,人们始终认为,尽管经历了种种变化,后来的罗马法本质上仍然和早期的罗马法保持着同一性。

优士丁尼的文本在欧洲历史的不同时期被不同的人从不同的视角去观察。罗马法的复兴发端于意大利,直到中世纪晚期,意大利仍然是罗马法研究和发展的中心。到了十六世纪,随着人文主义的出现,法兰西取代了意大利的领导地位。到了十七世纪,荷兰为这门学科提供了一个新的视角。在十九世纪,德国学者再次改变了这门学科。每个时期强调了罗马法不同的方面。

罗马法既有热情的拥护者,也有激烈的反对者。就像乔洛维茨(H. F. Jolowicz)曾于1947年指出的那样,反对者主要有三大理由:第一,罗马法被认为是一个外国的法律体系,是古代奴隶社会时期的产物,与后来的社会观念不相容;第二,它被描绘为有利于专制主义而不利于自由政治体制;第三,它被认为是个人资本主义的堡垒,更有利于利己主义而不是公众利益["Political Implications of Roman Law", *Tulane Law Review*, 22(1947), 62]。有时候这些理由被结合在一起。德国纳粹党在其最初纲领中曾主张:"罗马法是为唯物主义者的世界秩序服务的,应该被德意志共同法取代。"这种态度致使德国法律史大家保罗·科沙克(Paul Koschaker)发出了"罗马法的危机"的警告并写下了《欧洲与罗马法》(Europa und das römische Recht)一书,该书最终于1947年出版。

五十年之后,虽然某种危机仍然影响着罗马法学者,但是罗马法对欧洲文化所作的贡献已经可以得到更加冷静的评价了。写作本书的目的并不是与科沙克的那本书竞争。本书试图对古代罗马法的特点进行阐述,并追溯罗马法文本发展成一种"法律超市"的道路。之所以采用"法律超市"的比喻,是因为不同时期的法律人总是可以从中找到他们的时期所需要的东西。罗马法在欧洲法律思想和政治思想中留下了不可磨灭的印记。本书的主题是:这是如何发生的?

第二章 古代罗马法

第一节 《十二表法》

当开始有历史记载之时,罗马是个王国。公元前六世纪末,国王被驱逐,取而代之的是一个共和国。此时,罗马只是一个位于台伯河左岸离入海口不远的小公社。罗马人认为他们的祖先是在特洛伊城被希腊人洗劫之后从特洛伊城逃难过来的。他们的法律是一系列不成文习惯法,一代代口口相传。他们认为这些法律是罗马民族的遗产。这些法律只能适用于那些可以声称自己是罗马市民的人。因为"市民法"(ius civile)是指适用于"市民"(cives)的法。

当习惯法规则在个案中的适用有疑问时,祭司团的解释会起决定性作用。祭司团是一个由贵族组成的,负责维持国家宗教崇拜的团体。市民分成两个社会阶层:一个是贵族阶层,人数较少,成员来自贵族出身的富有家庭;另一个是平民阶层,虽然人数较多,但是在很多方面都处于劣势地位。祭司只能由贵族担任,因此平民们自然会怀疑他们对于特定行为和形式的有效性所作的判决有可能是不公正的。平民们认为,如果习惯法在案件发生之前就事先被写下来,那么将会对他们有利。这样一来,他们不用去咨询祭司就能了解他们的法律状况。而祭司们的解释权也会受到法律文本的限制。

平民的这种呼声所导致的结果是公元前451年十人委员会的设立,该委员会负责以著名的雅典梭伦法为蓝本起草习惯法的文本。他们起草了一部法律,被称为《十二表法》,该法正式提交民众大会并获得通过。在通过时,民众大会并不觉得是在用新法取代旧法,而是认为只是把之前一直被笼统称为"法"(ius)的东西以更加精确的方式确定下来。通过制定成文本,"法"(ius)变成了"法律"(lex)。"Lex"这个词源自"legere"(宣读),意指以一种权威的方式公开宣布"法"(ius)的内容。

《十二表法》标记着我们所知的罗马法的开端,其规定涉及了所有的法律领域,也包括公法和神法。虽然《十二表法》的原文没有保存下来,但是后来的著作对其进行了大量的引用,所以其内容基本上可以被重构。这些片段原本的顺序并不是很清楚,刊印在现代汇编当中的一些十九世纪学者的版本肯定过分夸大了该法的体系性特征。然而,我们知道,《十二表法》开

第二章 古代罗马法

头规定的内容是为了提起一项法律诉讼而对被告的传唤,最后规定的内容是诉讼结束后判决的执行。

《十二表法》并没有规定每个人都知道并接受为法律的内容,而是将重点放在那些已经引起或者可能引起争端的问题上。其规则的实质内容并非直接使平民受益,然而这么多的法律以文字的形式固定下来,意味着他们至少可以准确地知道自己的法律状况。尤其是,《十二表法》规定了诉讼程序的很多细节问题,比如,规定了市民在不求助于法庭的情况下如何进行自力救济,以及为了启动法庭程序应该做些什么。在共和国早期,只有为数不多的国家官员可以帮助受侵害者获得救济,受侵害者自己必须付出很多努力才能启动法律机器。在特定情形中,自力救济是被容许的,因为共同体还没有强大到可以完全消除自力救济的程度。然而,《十二表法》表明了要将自力救济制度化并将其限定在严格的范围之内的决心。

当出现争议而双方当事人又无法自行解决时,他们通常会来到一名执法官面前。此次会面的目的是确定如下问题:争议标的是否属于市民法规制的范围?如果是,应如何判决?在很早的时期,在共和国建立之前,罗马人很可能把神明裁判或宣誓作为解决争议的手段。然而在共和国时期,市民法范围内的案件通常都是交由双方当事人和执法官共同选择的一个(有时候是一群)主体来进行审判。这个独任的法官叫作审判员(iudex),他应当对事实进行调查(最初可能依靠他自己的知识),听取证人的证词和双方当事人的争辩,并最终作出判罚或开释被告的判决。

想要提起这种法律程序的人所面临的问题是,要确保对方当事人在程序第一阶段会出现在执法官面前。为了解决争议,被告也许会合作。如果他不愿意前来的话,原告可以强制被告出庭。习惯法并没有为这种强制力的行使划定一条清晰界限,因此《十二表法》对原告的这种权利进行了详细的规定。只有被告在证人面前拒绝原告的出庭请求或者企图逃跑时,原告才可以用强制手段迫使被告出庭。如果被告生病或者年纪大了,那么原告不得在不提供某种交通工具的情况下让他出庭。但是,该法规定,交通工具并非必须是带垫子的车辆。

在某些情况下,当事人也可以径直采取某些措施而不必先去找执法官。《十二表法》规定:如果房主在晚上抓到一个正在行窃的小偷,那么他可以径直将小偷杀死;如果小偷抗拒抓捕,即便是在白天,房主也可以径直将小偷杀死。然而在大多数情况下,有了法院的判决之后当事人才被允许采取自力救济的行动。在

第二章 古代罗马法

严重的人身伤害案件中,法律鼓励当事人之间就赔偿数额达成协议。若未能达成协议,《十二表法》允许同态复仇,也就是说,受害者可以施以报复,但是报复的范围仅限于他所遭受的损害("以眼还眼")。这种报复的可能性会促使双方当事人达成协议,同态复仇很有可能仅仅发生在侵害者的家庭不能或不愿帮助他获得足够金钱进行赔偿的情形下。对于不是很严重的侵害,该法不允许进行报复,而是规定了确定的赔偿数额。

目前为止,我们所讨论的是个人与个人之间的争议,然而,实际上在罗马早期,个人更可能被视为某个团体的一员,而不是单个的人。早期罗马法主要关注的团体是家庭。法律并不干涉家庭内部发生的事情。家庭成员之间的事情属于私事,共同体无权管控。当涉及家庭之外的人时,家庭由家长(家父)作为其代表。所有的家庭财产都集中在家父手中,他的所有父系卑亲属都处于他的权力之下。家子不会仅仅因为成年就脱离家父的权力。在家父去世之前,家子不能拥有自己的财产。基于此,所有的家庭财产都集中在一起,家庭的资源作为一个整体而得到加强。因此,在实践中,如果奴隶或者处于家父权力之下的家子实施了盗窃或者人身伤害,那么受害人必须对家父提出赔偿请求,因为只有家父自己才能用家庭财产来满足受害人的赔偿请求。《十二表法》为家父提供了选择权,他可以选择赔偿损失,也可以选择将侵害人移交到受害人或者受害人的家父的权力下(损害投偿)。

对于杀人的案件,不能提起私人诉讼,而是由一名执法官为共同体的整体利益对行为人进行控诉,以避免家庭之间的仇怨和血仇。不过,对于通常的情况而言,法律提供了一个框架,让双方当事人在这个框架内解决他们之间的争端。

在《十二表法》时期,如果原告在 30 天内没有获得审判员判给他的赔偿金额,那么他可以对被告施加压力,直至将其杀死。原告可以强行将被告带到执法官面前(这次不必礼貌地提出请求),如果他既不付钱也不提供可靠的担保人保证为他付款,那么执法官就会授权原告将他铐上锁链拘禁 60 天。在此期间,原告必须在 3 个连续的集市日将被告带到市场,让公众知道他的处境并给他的家人和朋友一个解决问题的机会。假如这个程序不起作用,那么最后的威胁是,不幸的债务人将被卖到罗马以外的地方为奴,所得的价款由未被偿付的债权人进行分割。如果债权人愿意,他们也可以杀死债务人,并把他切成块。《十二表法》非常谨慎地规定,即便债权人所切的部分超出了他的份额,他也无需为此承担责任。因此,可以说,《十二表法》已经预料到了莎士比亚的《威尼斯商人》中鲍西亚针对夏洛克提出的论辩。

在后来的时期,罗马人自己也认识到了《十二表法》的这种原始特征。然而,这样的规定必须在相应的背景下进行评价:共同体只能设置少量的政府官员去负责法律的实施。立法为市民提供一个最低限度的框架,让当事人在此框架之内自行解决他们的纠纷。不可避免的是,有能力号召奴隶、家人和朋友提供帮助的当事人比只能支配较少资源的当事人处于更有利的地位。

第二节 通过解释发展法律

在共和国时期,《十二表法》的一些特征发生了变化。对于已被判罚的债务人,债权人不再有权将其杀死,而是只能强迫他通过劳动偿还债务。后来又有了为债权人的利益强制出售债务人财产的类似破产的程序。然而,即使是在《十二表法》颁布 500 年之后,罗马人仍然习惯于认为这部法律是"全部公法和私法的源泉"(就像历史学家李维所说的那样)。而且,西塞罗曾经说过,小学生们要背诵其内容。

罗马人曾引以为荣的是,他们的法律具有很大的稳定性并且自古以来就是罗马人生活中不可缺少的一部分。同时他们也期望法律能允许他们做他们想做的事情,只要这些事情看起来是合理的。在共和国的前半期,对法律的解释,不管是不成文的法(ius)还是《十二表法》,都掌握在祭司们手里。他们可以用一种革新的方式来"解释"法律,甚至可以创造出早期法当中没有的新制度。

家子脱离父权就是这种"解释"的一个例子。家父对处于其支配权下的卑亲属的权力直到家父或卑亲属死亡才会结束。在《十二表法》时期,没有任何法律手段可供他自愿切断这种关系。他可以把家子卖去从事劳役,而《十二表法》中有这么一条规定:如果父亲三次将儿子卖去从事劳役,那么儿子将会从他的权力中解放出来。这条规定显然是为了防止家父滥用这种权力而制定的。这样的多次出卖是有可能的,因为如果买主将买到的家子解放,那么他将会重新回归到家父的权力之下。

作为"解释"的结果,家父可以用这个三次出卖的规则来使其家子脱离其父权。他假装把家子出卖给一个朋友三次,每次出卖完成后该朋友都将该家子解放,那么第三次出卖之后,该家子就会根据《十二表法》的上述规则获得自由。这样的"解释"只是将一项清晰的规则用于原来没考虑到的用途。然而,"解释"还有更进一步的发展。《十二表法》里面仅仅提到了儿子;如果是女儿或者孙子女,家父想出卖他们多少次都可以。不过,一旦这项规则被理解为是关于脱离父权的,人们就会认为,三次出卖的要求仅仅适用于儿子,如果是女儿或者孙子女,出卖一次就足以使他们脱离父权。

毫无疑问,许多市民已经注意到,所发生的事情是,《十二表法》的这条规则被用于十人委员会做梦也想不到的用途。然而,对于法律的保守主义者而言,相对于提出一个全新的改革,他们更愿意认为,脱离父权制度在《十二表法》当中即便没有明确规定,至少也已经蕴含其中。

第三节 裁判官对法律救济的控制

在共和国的多数时间里,法律的发展很少是通过立法及其解释来达成的,更多是通过对法律救济的控制来实现。原先,法律诉讼的第一阶段是形式性和技术性的;只有数量有限的诉讼形式是在执法官和被告在场时通过口头表述特定言辞的方式提起的。原告如果没有准确遵循这些措辞就会败诉。这样的法律诉讼（legis actiones）只能在特定的日期提起。而且，直到相关的程式和日历被公布之前，只有祭司们知道准确的细节。人们通常认为，相关的程式和日历大约在公元前300年，即祭司职务对平民开放之时被公布。

执法官每年选举一次，原先是两位执政官，他们取代国王担任国家的首脑，负责所有的政府活动。司法管理只是他们职责的一小部分，而且诉讼程序仅赋予他们很小的改革空间。随着罗马的不断扩张，公元前367年出现了一种特殊的执法官职务，称为裁判官（Prätor），也是每年选举一次，专门负责司法事务。虽然裁判官没有受过专门的训练，但人们却期望他们负责每一个法律诉讼的形式阶段。裁判官保留了法律诉讼的"二阶段"特征，第一阶段确定原告的请求是否属于法律保护的范围；第二阶段对案件进行实际审理，包括举证、质证和宣判。第二阶段相对来说没有那么多形式要求，并且一直保留着这个特点。这样的诉讼程序非常节省官员的时间。因为执法官只负责最关键的第一阶段，相比之下，第二阶段需要耗费的时间要多得多。罗马人认识到，在很多情况下，当事人之所以产生争议，不是因为他们对足够清晰的法律有不同的认识，

第二章　古代罗马法

而是因为他们对事实有不同的看法;一个普通的市民,即便他没有任何与法律相关的工作经历,也完全有能力判断发生了什么事情。

在共和国的中期,法律诉讼程序发生了一项重大的变革。当双方当事人来到裁判官面前时,裁判官允许他们以自己的言辞来表达诉求和进行抗辩,而不需要遵守固定的套语。然后,在确定争议焦点之后,他用假设句将争议焦点写进一份文书,这份文书被称为"程式"(formula)。程式的作用是指导审判员进行审判:如果他认为特定的指控已经得到证实,就应当判罚被告;如果没有得到证实,则应将其开释。程式由裁判官和当事人确定之后,就会被密封起来,这样审判员打开时就能确定它没有被非法篡改过。审判员的所有职权都来自程式,并且他只能在程式所确定的范围内行事。只要他遵守这一点,那么他在审判活动中就有很大的自由决定权。为了得出结论,他经常听取友人[顾问(consilium)]的建议。在共和国早期,当事人自己参加审判,但是后来他们倾向于聘请受过修辞学训练的职业演说家代表他们参加审判员主持的诉讼。

如果裁判官认为在某种情况下赋予一个程式符合法政策的要求(也就是说,他认为,如果原告可以证实自己的主张就应该给予救济),那么他也可以为此赋予一个程式。裁判官的任务是宣布法律(ius dicere),并提供适当的救济手段以使其发生效力。大部分的法律救济所涉及的是法律上承认的诉请,例如因被告违背原告的意愿扣留其财产或者因被告欠原告的钱而产生的诉请。然而,裁判官也可以在没有先例的情况下赋予一项程式。从法技术的角度来看,他在这种情况下并没有制定新法;制定新法超出了他的职权范围。实际上,在这种情况下,他只是说,原告所提出的诉请应当获得救济,因此法律必须为其提供救济。尽管听起来他好像只是在执行现行法,但实际上他是在制定新法。

由于新的法律救济被当作是旧法的一种表达,因此掩盖了法律的革新。例如,如果某人根据市民法不是某项财产的所有权人,那么裁判官就不能将其视为该财产的所有权人,因为他要遵守市民法的规定,因此他不能将所有权诉讼赋予这样的人,以使其追回其财产。但是他可以赋予非所有权人一个替代诉讼,以使他获得对财产的实际控制,并保护他的这种实际控制直到他因时效取得而成为所有权人。类似地,他只能将继承人诉讼赋予根据市民法是继承人的人,以使其追回被继承人的财产。但是他可以给非继承人提供一个替代的救济措施,使其获得并保持对该财产的占有。

第二章 古代罗马法

这样的人以占有人而不是所有权人的身份来享用该财产。毫无疑问,对于许多罗马人而言,这纯粹是一个语言上的区分,但是对于那些能真正理解其效果的人而言,这个区分具有重大的意义。它使得裁判官可以在自然法感的指引下为应该得到救济的当事人提供救济,同时在形式上又没有改动市民法,维护了市民法的不可侵犯性。

裁判官在上任初期会颁布一项告示,这项告示当中包含他将会赋予程式的各种情形,并且最后附有相应的程式范本。潜在的诉讼当事人可以查阅该告示。如果符合相应的条件,那么在提出申请之后就可以获得告示中允诺的程式。对原告的主张有异议的被告不会因为原告被赋予程式而遭受不利,只要他确信他的对手不能让审判员相信其主张属实。

程式是一种灵活的工具,在被告提出一些特定的抗辩时可以进行相应的修改。例如,在市民法为某个法律行为规定了某个特定形式的情况下,它原先只关心这种形式是否得到遵守,并不考察形式背后的事情。"要式口约"(stipulatio)是《十二表法》提到的一种重要的要式合同。它是一种以口头问答的形式订立的合同,可以将任何协议转变成有约束力的债务。只要履行了这个形式,即便允诺方的允诺实际上是因为对方的欺诈或者胁迫而作出的也无关紧要。然而,在共和国晚期,裁判官允许把欺骗和胁迫作为对原告诉请的抗辩写进程式当中,如果允诺方可以证明其主张,则被开释。

如果被告承认原告所主张的事实的真实性(比如"我作出了形式上的允诺"),但提出了进一步的事实(比如"但是这个允诺是我因为受到欺骗才作出的")以否定原告的诉求,那么在这种情况下就需要这样的"抗辩"(exceptio)。在程式中加入这项抗辩,就等于裁判官在法律上认可了以下原则:因欺诈或胁迫而进行的行为是没有强制力的。在某些程式当中,审判员被告知只需要"依据诚信"(ex fide bona)判决被告支付他应当支付的金额,在这样的案件中则不需要特别的抗辩。

当一个诉讼结束时,审判员唯一可以作出的有利于原告的判决是金钱赔偿。一旦他作出有利于某一方的判决,他的任务就结束了,他就不再是审判员了。因此,他不能在判决中命令某一方当事人去做某事或者不做某事,因为到了要判断此项命令是否得到遵守的时候,他已经不再是审判员了。对于很多类型的争议而言,判决被告支付特定的金额是恰当的,但是它并不适合于所有案件。在共和国晚期,当常规的诉讼不能

第二章 古代罗马法

满足需要时,裁判官只好自己亲自处理案件,而不把案件交给审判员审理。

最早的"非常规的"救济(即通常的程式诉讼之外的救济)可能是令状,这是一种由裁判官作出的做某事或者不做某事的命令。很多令状是为了避免干涉对财产的和平占有以及保证在诉讼当中可以正确提出诉请而设计的。并不是说,只要当事人提出申请,裁判官就会作出令状,而是在他认为至少存在某些现实的正当理由时,他才会作出令状。

此类救济当中效力最强的可能是"回复原状"(restitutio in integrum)。对于那些虽然根据市民法是有效的、但会对一方当事人不公的行为,回复原状可以消除其法律效果。这种救济一旦被授予,当事人就可以提起一种特殊的裁判官诉讼,也就是说,可以提起相当于在侵害其权利的行为没有发生的情况下可以提起的诉讼。裁判官在提供这种救济的时候必须非常克制。如果提供救济的范围太广,就会损害公众对法律的确信。如果一方当事人因为某种行为产生了他不能预见的效果就可以否定它,那么为什么要遵守法律为此种行为规定的形式呢?从另一角度讲,完全拒绝提供这种救济则意味着允许不公平的结果继续存在。裁判官提供此种救济的理由是经过谨慎选择的,包括:

(1)欺诈;(2)胁迫;(3)原告因公共服务而在短时间内离开,而在这段时间内对方当事人善意占有其土地并因时效取得而成为该土地的所有权人;(4)原告尽管在法律上是适婚人,但还是因为太年轻而不能理解他所做的事情。

上述最后一项理由进一步说明了罗马人对于法律改革的谨慎态度。根据市民法,任何达到适婚年龄(最终达成的共识是14周岁)的男孩都具有行为能力。只要达到这个年龄,他就可以结婚,如果不处于家父的权力之下,就可以自行处理自己的财产。在共和国早期的简朴社会当中,这个年龄是比较适合的,但是一个14周岁的男孩在精明的商人劝说他购买他并非真正需要的东西的时候,可能没有办法经受得住劝说。毫无疑问,处理这种情形的最符合逻辑的方法是提高享有行为能力的年龄。但这样会被视为对如下传统法律规则的剧烈变革:行为能力和适婚能力一致。罗马人不愿意考虑这样的变革,因为它可能会引起各种不可预见的后果。他们更喜欢把问题留给裁判官。当有人企图利用年轻人没有经验的弱点获利时,由裁判官来判断是否应该消除相关行为的效果。这种做法引起的后果是,人们拒绝与不满25周岁(这是裁判官设定的年龄界限)的人进行交易,除非他们可以获得独立的建议。

由于赋予这些新的救济而产生的新法被记载在裁判官的告示当中,它们被称为"荣誉法"(ius honorarium),这个称呼源自裁判官官职当选者所享有的"荣誉"(honores)。在共和国的后半期,与市民法纠纷有关的大部分法律发展都是通过这种法实现的。

第四节 万民法和法学家阶层的形成

如果一方或者双方当事人不是市民,那么就不应该用传统的市民法来解决他们之间的纠纷。起初,当异邦人相对罕见的时候,罗马人通过把异邦人拟制成罗马市民的方法把此类案件归到市民法的适用范围内。当罗马人在公元前三世纪的布匿战争中战胜迦太基人之后,罗马的统治范围扩展至整个西地中海地区,在日常生活中与罗马人有接触的异邦人的数量大大增加,以至于他们必须被明确地纳入法律调整的范围内。公元前242年罗马设立了第二位裁判官,专门负责处理一方或者双方当事人为异邦人的案件,此后,两位裁判官分别被称为"城市裁判官"和"外事裁判官",以示区别。

市民法是罗马市民引以为荣的财富,不能毫无差别地扩展适用于异邦人。在公元前三世纪,罗马市民身份是罗马人区别于异邦人的一种特权。相对于异邦人,罗马人被认为应当遵守更高的行为标准。根据李维的记录(34.1),公元前215年的《奥庇乌斯法》(Lex Oppia)要求罗马妇人穿着无装饰的简朴衣着,而那时候异邦妇女穿着非常华丽的衣服走在罗马街头。然而,涉及异邦人的纠纷要根据普遍承认的规则来处理。

罗马人采用一种典型的务实方法来处理这个问题,他们承认罗马法由两种制度构成。首先是罗马人特有的那些法律制度,比如,将所有权从一个人转移到另一个人的传统仪式。这种制度只能适用于罗马市民。罗马法的另一种制度是那些被认为在所有文明民族的法律当中都可以找到的制度,比如许多源自裁判官救济的制度。罗马人将这些制度统称为"万民法"(ius gentium),以与传统的市民法相对应。

万民法同等适用于罗马市民和异邦人。罗马人利用这个概念去处理罗马统治下的异邦人所引起的问题。后来,当他们思考这些规则为何可以得到普遍认可的时候,他们认为其原因肯定在于它们并非建立在传统的实践之上,而是建立在所有人的人性当中包含的共同意识或者"自然理性"之上。因此,万民法有时

第二章 古代罗马法

候也被称为"自然法"(ius naturale)。后来,被普遍接受的观点是,除了奴隶制之外,万民法和自然法是相似的。奴隶制是所有古代社会都承认的制度,因此显然是万民法的一部分,但也显然不属于人类共同意识的范围,因此不可能是自然法的一部分。

在共和国晚期,诉讼当事人可以利用的诉讼程式体系和新增加的救济措施变得越来越具有技术性,因此有时候需要具有专业知识的专家来提供建议。裁判官、审判员以及代表当事人在审判员面前进行诉讼的代理人都没有受过法律训练,他们时不时需要专家的帮助。据说,从公元前三世纪下半叶开始,有一群法律专家(即法学家),他们在司法管理当中没有担任正式的职务,但是他们为诉讼参与者解释法律。起初,他们的工作是无偿的,他们把这项工作视为一种公共服务。他们从祭司的手中接过"法律的守护者"的职责,但是跟祭司不同的是,他们的工作是公开进行的。

罗马法学家的工作从一开始就是处理已经引起法律问题的案件。他们的职能是针对特定的事实状况建议采用适当的诉讼程式或者抗辩,以及起草遗嘱或者合同之类的法律文件,确保这些文件能达到当事人期待的效果,而且不会发生当事人不期待的效果。这些共和国晚期的法学家的意见的影响力完全依赖于他们的个人声望。声望高的法学家的意见被收录到各种《学说汇纂》中,以便将来发生类似案件时可以参考。这些法学家主要关注私法,通常不会涉及公法、刑法或者宗教事务。涉及这些主题的法律被"剔出"市民法的范围,市民法因此变成了私法的同义词。

第五节 罗马帝国和法律

罗马共和国最后一个世纪最显著的特点是两派的冲突。一派希望维持传统的宪制,尽管在这种宪制下领导者的力量相对较弱;另一派则希望有一个强大的政府,即便以抛弃共和国的法律形式为代价也在所不惜。冲突在尤里乌斯·凯撒上台时达到顶点,他公开嘲笑共和形式,而后在公元前44年被刺杀。密谋反对他的两位领导人——布鲁图斯(Brutus)和卡西乌斯(Cassius)分别是当时的城市裁判官和外事裁判官。

当帝国取代共和国时,第一位皇帝奥古斯都极力想通过保留共和国宪制的假象去安抚其臣民。起初,民众会议像以往一样召开。然而,因为没有关于代表的规定,希望与会的市民必须亲自到场,所以实际上参加民众会议的人基本上都是住在罗马的市民。皇帝暗

第二章 古代罗马法

中阻止一些重要的立法建议被提交到民众议会上去。元老院(主要由前执法官组成)的决议暂时替代民众会议决议,获得了法律的效力。

每年由新继任的裁判官发布的裁判官告示发展到了每一年几乎没有什么可以修改的程度。公元130年,根据哈德良皇帝的命令,法学家尤里安确定了裁判官告示的固定内容。裁判官告示的开头是程式诉讼的程序,从传唤被告到裁判官审理阶段结束,包含各种不同的救济,然后是审判之后判决的执行,最后有一节专门处理令状和抗辩。这个顺序很有可能模仿自《十二表法》。

皇帝自己也享有立法权,此时,"元首的谕令"(constitutiones principis)被承认为一种法源,具有法律(lex)的效力。尽管皇帝偶尔也通过告示进行立法,但他们的大多数谕令都是批复,也就是说,以皇帝的名义对诉讼当事人或者官员(比如行省总督)提出的法律问题所作的回答。这些批复由在皇帝办公厅工作的法学家负责起草。它们通常旨在宣布和澄清现行法,在极少数情况下,也会引入重大的变化。

公元二世纪,罗马帝国扩展到西起不列颠南半部分、高卢和伊比利亚半岛,东至沿着莱茵河西岸和多瑙河南岸到小亚细亚、叙利亚和埃及的广大地域。与共和国时期相比,此时的罗马市民身份不再具有那么强的排外性。在共和国消亡时,大多数意大利(也就是现代意大利波河以南的地区)居民都已经取得罗马市民身份。此时,帝国政府把市民权的授予作为使意大利以外地区居民融入统一国家的一种手段,这样就打破了市民权和意大利人出身之间原有的关联。

一个人要想在政治、社会和经济方面获得成功,越来越取决于他是否拥有罗马市民权,不过此时罗马市民权和对当地的忠诚是可以兼容的,只要不挑战罗马的统治权就可以。有野心的行省居民因此倾向于把罗马称作"共同的祖国"。实际上,在帝国早期,行省(尤其是在西部,比如西班牙)的贵族成员甚至是罗马传统价值的最重要的维护者。帝国政府的运行需要依赖这样的人。他们首先担任军事官员和财务官员,接下来进入罗马元老院,高升为执政官,然后在位于边境的军事行省担任总督。

帝国的政策鼓励设立自治市(municipia)——一种或多或少自治的市民或者拉丁人共同体。一个生活在行省自治市的罗马市民享有双重身份,因为每一个自治市都有一部自己的法律,非常详细地规定其共同生活如何组织,尤其强调解决纷争的法律程序。尽管细节上有所不同,我们现在知道的是,至少在西部的行省,有一部标准法律范本,各自治市的法律大多都参考

第二章　古代罗马法

了这个范本。这个范本所规定的制度和程序与罗马的相应制度和程序相似。主要的证据是1981年发现的一块铜表上面的铭文,上面刻有西班牙阿尔尼(Irni)自治市法的三分之二内容。阿尔尼法(来自公元一世纪的最后二十五年)的重要部分与之前发现的其他自治市法的片段一致。这种一致性表明,罗马的制度作为一种模范,各自治市在自己的情况允许的时候会尽量模仿。然而,相比之下,在东部讲希腊语的行省,古老的城邦国家不大乐意放弃它们的传统法律。

公元纪年的头两个世纪是罗马法律发展的高峰期,也就是说,在技术上达到了最精致的形式。因此,这个时期被称为罗马法的古典时期。这两个世纪也见证了一些暴君(比如尼禄、卡利古拉和图密善)的野蛮行径。这里显然存在一个矛盾,因为罗马作为一个法律国家最为荣耀的时候正好也是他们统治的时期。合理的解释是,大家默认了私法和其他法律部门的截然区分。私法所规制的是私人之间的关系。早期的皇帝都认为,干涉私法几乎没有什么好处,明智的政策是,维护并且发展私法,而不进行不必要的改变。

第六节　古典时期的法学家

古典时期法律发展的主要载体是法学家(包括为皇帝服务的法学家和私人执业的法学家)的著作。法学家作为一个阶层是深受皇帝赏识的。奥古斯都曾授予一些法学家解答权,其解答具有皇帝的权威。此举之目的可能是减轻皇帝办公厅批复法律问题的压力。一个世纪之后,哈德良规定,如果所有享有解答权的法学家的意见一致,那么他们的意见就具有法律(lex)的效力。其具体的意义不大清楚,但很有可能涉及一种实践做法,即把法学家之前就类似案件所提供的意见作为先例。

古典时期的这种法学家法具有如下特征:首先,不断地有法学家致力于法律研究,他们每一个人都熟悉前人的成果并以此为基础从事自己的工作,他们会引用前人的观点,尤其是在他们赞同该观点的时候,不过有时他们在不赞同的情况下也会引用。其次,只有他们掌握全面的私法知识。裁判官的任职期限只有一年,审判员只负责处理他们主持的案件的事实问题,诉讼代理人认为辩论技巧比法律专业知识更为重要。有

第二章 古代罗马法

一种趋势是法学家因为看起来太过沉浸于法律的细枝末节而被嘲笑,比如让雨水从自己的屋顶流到邻居屋顶的权利。这种趋势得到了西塞罗的证明,他本人是一个成功的诉讼代理人。再次,法学家关注日常法律实践,因此可以认识到什么时候需要对法律规则进行修改或者改革。尽管他们通常都有学生,但是他们不是远离"现实世界"的学者。最后,他们充分享有表达不同观点的自由。当对案件进行法律讨论时,只要存在双方当事人,并且每一方都希望获得对自己有利的意见,就不可避免地会产生争议。这并不是说法学家们为了迎合顾客的需要而歪曲法律,而是说他们很乐意探讨每一项法律规则的界限。

就此而言,古典法是争论的产物。处理成文法和不成文法所采用的技术是不一样的。如果法学家要处理的是共和国时期民众会议通过的法律、裁判官告示、合同或者遗嘱的文本,那么必须通过解释文本当中的特定用语来解决问题,此时还要利用许多长期积累下来的论据。在此应当严格地以文本的文义为准还是应当以其精神为准呢?即便作者的真实意图表达得非常模糊,也应当以其作者之真实意图为准吗?在这种情况下,应当如何确定其意图呢?如果法律不是以成文的形式存在的,而是被陈述在法学家的意见当中,而法学家的意见又不存在一个确定的权威文本,那么法学家就有更大的空间去重塑法律。

在原始文献流传的过程中,很多争议观点没有被流传下来(少数观点容易从原始文献当中消失)。不过,我们知道,在公元一世纪和公元二世纪早期的法学家当中存在两个学派,被称为普罗库鲁斯学派和萨宾学派。关于这两个学派之间的差异的基础,学术界有很多不同观点,但是他们之间的差异看起来更像是方法上的差异,而不是对实体问题有不同观点。萨宾学派更倾向于引用传统实践和早期法学家的权威来支持他们的观点。他们最关心的是在个案当中找到适当的处理方法,即便抛弃逻辑和理性也无所谓。当他们解释文本的时候,他们不会担心同一个词是否会在不同的文本当中被赋予不同的含义。相反,普罗库鲁斯学派则倾向于对所有的文本进行严格解释,并且坚持认为词汇和短语在每一种情形下都应当被赋予一种客观、一致的含义。对于不成文法,他们认为,它是一个逻辑一贯的规则体系,而且他们会探寻这些规则背后的原则。通过这种方法,他们可以把一项规则类推适用于同一个原则下的其他案件。不管属于哪个学派,法学家们都不喜欢宽泛地表述原则。不是因为他们没有能力表述原则,而是因为他们知道,表述得越宽泛,例外就越多,因此就会存在法律不确定和不可预测的风险。

第七节 法律素材的分类排序

古典法阐述主要还是集中在具体案件上,包括真实的案件和学校里假设的案件。决疑法的规则难免会随着时间的推移变得混乱和复杂,因此需要进行分类和体系化。在希腊分类方法的影响下,将法律素材置入某种秩序的过程始于共和国晚期。希腊人自己并没有把这种技术运用到法律上,因为他们没有职业法学家阶层,而且他们的诉讼程序也不适合技术性法律规则的发展。

大约在公元前 100 年,法学家昆图斯·穆齐乌斯·斯凯沃拉(Quintus Mucius Scaevola)出版了一本涉及全部市民法的简短著作。该著作以遗嘱继承、遗赠和法定继承为开头,此三项制度占了整部作品的四分之一。死因继承案件与其他类型的案件相比,更容易引起纠纷。社会秩序建立在以家庭为基本单位的基础之上,遗嘱的主要目的是指定继承人,以便在家父去世之时取代其位置以使家庭延续到下一代。不过,在遗嘱当中,除了指定继承人之外,立遗嘱人也可能进行遗赠,为其未适婚的家子指定监护人,以及解放奴隶。因为财产集中在家庭里,而不是在个人手中,所以继承问题在法律当中显得如此重要,也并不奇怪。除了继承之外,穆齐乌斯把取得财产所有权和占有的方法放在一起,但是私法的其他内容显得比较杂乱,看不出来有什么秩序。

一个世纪之后,另一位法学家,马苏里乌斯·萨宾(Masurius Sabinus,萨宾学派就是以他的名字命名)以穆齐乌斯的体系为基础,并且把此时开始被认为具有一定联系的其他主题编排在一起。比如,穆齐乌斯把财产盗窃和财产损害分别放在不同的地方,但是萨宾把它们放在一起,因此他认识到了不法行为(delict)这个概念。不法行为的受害者可以提起一项市民法诉讼,要求行为人向其支付罚金。不过,萨宾没有察觉到合同这个概念,对于当事人之间设立债务的不同方式,他是分开论述的。

大多数古典法学家都会把他们的观点集合在名为《萨宾的市民法著作评注》或者《裁判官告示评注》的著作当中。直到公元二世纪中叶,在私法素材的编排方面才取得一项重大进步,但这个进步仅仅在教学范围内引起注意。推动这项重大进步出现的人是一位法学家,我们对其知之甚少,我们只知道他叫盖尤斯(罗马人的完整名字通常由三个名字组成),是一名法律教师。早期的法学家虽然有学生,但是他们的主要工作是法律实践。不过,盖尤斯似乎仅仅是一名教师,因此他在他那个时代默默无闻。

盖尤斯的教科书——《法学阶梯》的体系基础是把全部法律分为三个部分。三分法对教师特别有吸引力,因为"三"是一个易于掌控的数字,适合不能长时间集中注意力的学生。盖尤斯的体系当中的这三个部分分别是人、物和诉讼。第一部分涉及人的不同身份类型,从自由(一个人是自由人还是奴隶?)、市民权(他是罗马市民还是异邦人?)和家庭地位(他是家父还是处于家父的权力之下?)三个方面来考虑。

第二部分是物,是该三分体系当中最重要的部分。它包括一切可以用金钱来衡量的东西,既包括有体物,也包括无体物。有体物,不管是动产还是不动产,总是会被认为是物。被盖尤斯首先归入无体物这个新种类的是物的集合。物的集合可以从一个人"整体地"(per universitatem)转移给另一个人,比如死者的遗产整体转移给其继承人。这样的集合可以包括有体物,但是它本身是无体物。盖尤斯归入无体物的另一个类型是债。债的概念被用来描述可以让一个人对另一个人负债的各种方式,通常是从负债的一方(即债务人)

的视角来说的。因此,如果某人正式地向另一个人允诺要向其支付金钱,那么他就对该人负有债务。如果某人从另一个人那里接受某物以担保一项已经存在的债务,那么在债务被清偿之后,他就对该人负有返还担保物的债务。在某些情况下,裁判官仅凭双方当事人之间达成的协议就认为他们相互负有债务。最重要的例子是买卖货物的协议。一旦双方当事人无条件地承诺遵守买卖协议,也就是说,一方同意交付标的物、另一方同意支付价款,那么他们就相互负有债务。

盖尤斯之前的法学家就已经认识到,大多数债源自双方当事人之前达成的协议,虽然使得这些债具有法律约束力的原因可能是协议之外的东西。因此,他们认为大多数债都有一个共同的特征:不管是什么使得它们具有约束力,都会存在一项当事人之间达成的协议。因此便产生了合同这种债之类型。盖尤斯以一个新的视角来看待债,他不仅将其视为债务人的一种负担,也将其视为债权人的财产。盖尤斯把债权人起诉债务人的权利视为一种债(权),因而扩展了债的概念,使得债的产生原因不仅包括合同,还包括不法行为。

盖尤斯体系的第三部分是诉讼。这部分的主要内容不是法庭诉讼的程序,而是不同的诉讼类型,比如,可以对任何人提起的诉讼(如请求返还财产的诉讼),与之相对应的是只能对特定的人提起的诉讼(如请求履行债务的诉讼)。

在盖尤斯所在的时期,即古典盛期,私法的内容或多或少已经固定,所以他可以辨别出其构成要素。他的体系包含很多新的特征。他把诉讼视为需要分类的法律现象,将其与人和物相并列;他把无体物和有体物都归到物的概念之下;他把遗产和债划为无体物;他把合同和不法行为视为债之发生的原因;等等。

《法学阶梯》的体系注定会对将来的法律产生重大影响,但是在当时,它在学校之外几乎没有影响力。职业法学家并不需要将法律素材体系化。

第八节 古典法学的巅峰

公元三世纪初,安东尼努斯·卡拉卡拉皇帝(Antoninus Caracalla)颁布了一项重要的告示。这项告示产生的一项效果是:罗马帝国境内的绝大多数居民都成了罗马市民,不管他们愿不愿意。公元212年的《安东尼谕令》(Constitutio Antoniniana)的颁布并非出于慷慨的意图,可能是出于财政上的原因:对更多的人征收适用于罗马市民遗产的遗产税。这项谕令产生的另一项效果是：很多不认为自己是罗马人、甚至也不会说拉丁语的人，被要求像罗马人一样遵循市民法规定的形式。

《安东尼谕令》颁布后的十年里，三位法学家的著作代表了古典法学的巅峰。晚些时候的人认为他们是最杰出的法学家。他们是帕比尼安、保罗和乌尔比安。他们三人都担任过帝国的最高官职——禁卫军长官（praefectus praetorio），他们不仅是皇帝的首席法律官员，还是皇帝官员的首脑。他们都写了大量的法律著作。帕比尼安擅长分析具体案件，他对法律问题的处理方法表现出一种强烈的道德感以及一种追求公正结果的欲望。保罗和乌尔比安则以他们的大部头评注而闻名，他们的评注综合了前人的工作，以一种成熟但仍非常复杂的形式传给下一代法学家。

在一本基础教科书当中，乌尔比安第一次对公法和私法进行了清晰的区分。之前，"公法"这个术语并没有精确的含义，经常被用来表示那些不能通过私人协议改变的市民法规则，与那些可以由当事人协议变更的规则相对。乌尔比安用这个概念来表示主要关涉公共事务的法律，比如执法官的权力、国家宗教，与此相对的是关涉私人利益的法律。他作出这个区分的目的是什么,现在只能靠推测了,但是有一个事实是非常重要的:他的这本教科书刚好出现在《安东尼谕令》颁布之后不久。乌尔比安可能希望保护传统的市民法免受皇帝的干涉,并且向新的罗马市民保证,他们要适用的市民法和公法是有明显区别的。这个区分将产生深远的影响。

随着乌尔比安于公元 223 年被叛变的卫兵杀害(帕比尼安在十年前已经被卡拉卡拉下令处决),古典时期宣告结束。对于罗马帝国而言,公元二世纪是一个异常和平稳定的时期。十八世纪的历史学家爱德华·吉本(Edward Gibbon)把这个时期称为"世界历史当中人类最幸福、昌盛的时期"(*Decline and Fall of the Roman Empire*, ch. 3)。相比之下,公元三世纪则是社会秩序非常混乱的一个时期。皇帝的一些批复表明,尽管作出了很多努力(至少皇帝办公厅作出了很多努力)去维持之前的法律水准,但几乎没有足够水准的法律著作能证明当时的法律仍然具有活力。

第九节　帝国的分裂

帝国的重心现在已经远离意大利和罗马。此时已经不可能对帝国进行统一的管理。戴克里先在公元284年当上了皇帝,并开始着手重组帝国政府。达尔马提亚(Dalmatia)出身的他,当上皇帝二十年之后才第一次访问罗马。他把罗马帝国分为东西两个部分,分别由一位奥古斯都进行统治。他自己选东部,首都设在小亚细亚西北部的尼科美底亚(Nicomedia)。罗马的行省被分割成更小的单元,分别归入十三个所谓的行政区(dioecesis),这十三个行政区又分属四个大区(prefectures),十三个行政区的长官是大区长官的代理人(vicarii)。

这种行政管理结构标志着帝国分裂的开始,两个部分都有自己的皇帝。在公元四世纪早期,君士坦丁在拜占庭(也叫君士坦丁堡)为东部建立了一个新首都,而西部的帝国政府则设在米兰。然而,从理论上讲,尽管帝国的东西两个部分之间有时候呈现出不友好的状态,但是帝国仍然被视为一个整体,两个皇帝被视为共治者。面对日耳曼部落的不断入侵,他们为了

第二章 古代罗马法

保卫帝国在莱茵河—多瑙河沿线的边境而奋斗。而日耳曼部落本身也受到向西迁徙的其他部落的驱赶,尤其是可怕的匈人。边境防卫大概需要一支五十万人的军队,一些友好的部落如果愿意帮助罗马帝国防御边境,那么在与罗马帝国签订条约之后就可以以"盟族"(foederati)的身份在帝国境内居住。大地主有义务提供士兵或者出钱让帝国从其他地方招募士兵。结果是,很多所谓的蛮族人被招募到罗马军队里,有些还升为高级指挥官。与公元一世纪时候的行省居民不同,这些公元四世纪的哥特人、法兰克人和汪达尔人保留着他们的日耳曼人身份,并且未被完全罗马化。

与帝国西部相比,帝国东部被蛮族渗透的程度要小得多,帝国东部说希腊语的居民这时候开始认为他们是罗马传统的主要维护者。他们称自己为"罗马人"(Rhomaioi),君士坦丁堡也被视为"新罗马"。然而,到公元四世纪晚期,他们自己也感受到了来自蛮族的压力。公元376年,西哥特人进入色雷斯(Thrace),并在距离君士坦丁堡仅220公里的阿德里安堡(Adrianople)打败了帝国东部军队。最后一个伟大的军人出身的皇帝——狄奥多西一世(Theodosius I)挽回了局势,不过代价是帝国东部军队的"蛮族化"。通过公元382年的一个没有先例的条约,他允许西哥特人在多瑙河以南作为自治部落定居,完整保留其部落组织,并适用他们自己的法律。

狄奥多西于公元395年去世之后,帝国东西两个部分从此正式分裂。帝国的分割以资源同等化为基础。意大利、阿非利加、高卢、西班牙和不列颠显然属于西部,色雷斯、小亚细亚、叙利亚和埃及显然属于东部。中部的伊利里亚大区被分成两个部分:潘诺尼亚(多瑙河以南和以西,在现在的奥地利和匈牙利境内)被划归西部,达契亚(现在的罗马尼亚)和马其顿被归为东部。边界从辛吉杜努姆(现在的贝尔格莱德)附近的萨瓦河和多瑙河汇合处开始,往南沿着德里纳河到亚得里亚海,然后继续越过地中海把阿非利加和埃及分开。

正如爱德华·吉本所言,"在罗马帝国的这次最终且永久的分裂当中,东西两个部分各自在领土、财富、人口和军事力量方面的优势都得到了公平的平衡和补偿"(*Decline and Fall of the Roman Empire*, ch. 29)。把主要说希腊语的东部从说拉丁语的西部隔断出来,在接下来的几个世纪将会产生深远的影响。对于区分西部拉丁文化地区和东部希腊文化(后来被斯拉夫文化替代)地区来讲,它至今仍然具有重大的意义。

狄奥多西的统治标志着罗马帝国另一个转变的完

第二章 古代罗马法

成,即从君士坦丁开始的基督化。公元313年君士坦丁的《米兰告示》结束了对基督徒的官方迫害。尽管对神学上的细枝末节没有耐心,君士坦丁还是付出了很大的努力去统一基督教义,他处理了多纳图派信徒的分裂和阿里乌斯派信徒的异端,最终在公元325年召开了尼西亚公会议。然而,传统的罗马崇拜仍然在罗马继续存在,直到狄奥多西时期,西罗马皇帝仍然担任"大祭司"(pontifex maximus)职位。作为一个忠实的正统天主教拥护者,狄奥多西为了消除异教信仰,使天主教成为官方宗教而不仅仅是基督徒的信仰,采取了比其前任们更为严厉的手段。因为西哥特人是坚定的阿里乌斯派信徒,这一状况大大地增加了他处理西哥特事宜的难度。

新的宗教起初几乎没有影响到皇帝至高无上的地位,因为他认为自己是上帝派来为人类福祉服务的仆人,但是勇敢的主教仍然会主张他们在宗教方面的权力。在狄奥多西因为驻军指挥官被杀而下令屠杀帖撒罗尼迦(Thessalonica)市民之后,米兰主教圣安布罗斯(Sanctus Ambrosius)拒绝让其参加圣餐仪式,直到他最终在主教座堂公开忏悔。然而,基督教对私法的影响似乎并不大。虽然有一些与实践相冲突的法律被废除,比如奥古斯都为了提高罗马人的出生率而制定的惩罚独身的法律,但在总体上,产生于非基督教时期的私法基本不需要修改就可以适用于这个基督教的帝国。

第十节 后古典时期的法律与诉讼程序

当政府变得更加官僚化的时候,诉讼程序也会如此。之前的程式诉讼分为两个阶段,一个阶段由一名执法官负责,另一个阶段由一名非职业审判员负责。现在程式诉讼被取消,由"非常诉讼"(cognitio)来替代。非常诉讼的审判员是一名由国家任命的职业法官,整个案件都由他来负责。程式诉讼的显著特点——口头性现在也被书面性取代。原告以书面形式将其诉讼请求提交给法院,然后由一名法院官员把它交给被告,被告的答辩也是以书面形式提交给法院。双方当事人来到法官面前,法官听取双方对法律问题的辩论,通过询问证人获取事实证据,然后作出判决。如果判决被告败诉,那么判决将由一名法院官员来执行,除非有人提起上诉。

在程式诉讼中,由非职业审判员作出的判决是不能上诉的。从历史上来看,他作出的判决是神判的替

第二章 古代罗马法

代选择,对于神判不存在上诉的可能性。当事人如果觉得审判员偏袒了对方或者没有能力胜任,那么他可以对审判员个人提起诉讼(litem suam fecit,意思是说审判员把诉讼变成了他自己的诉讼),但是判决本身是不受影响的。在新的诉讼程序当中,对于初审法官的判决,可以向更高级的法院提起上诉,可以逐级上诉直至皇帝自己的法庭。

与程式诉讼相比,非常诉讼消耗的都是职业法官的时间。初级法官需要花大量的时间去听取、记录证据,而高级法官的时间主要用来审理上诉案件。即便如此,新的诉讼程序,就像政府结构一样,被教会学来管理自己的事务。可以说,新的诉讼程序为早期教会法提供了发展的平台。它后来对欧洲大陆民事诉讼程序产生了决定性的影响。

除了皇帝办公厅成员(因为批复的数量一直不减少)和法院系统的法官之外,每一位行省总督(约100位)和行政区长官都需要一个法律专业人士为其提供建议。这些法律专业人士履行职务时并不留名,而且与保罗或者乌尔比安不同的是,他们不撰写法律著作。虽然法学家的人数没有减少,但是他们的水平已经严重下降。在公元二世纪,最优秀的人被法律吸引,但是现在最优秀的人已经对法律不感兴趣。此时的社会动荡不安,聪明的人喜欢思考天上之城,而不愿处理地上之城的问题。在这个法律衰落的时期,可以看到以教父文学为代表的神学思想的繁荣。实际上,最早的拉丁教会神父*德尔图良(Tertullian),在开始从业的时候是一名法学家,后来才改行。

除了从业人员的素质之外,废除程式诉讼对法律也有一定的影响。因为不再需要选择特定的程式,所以提起诉讼的时候可以不用准确地搞清楚诉讼请求的法律依据。在程式诉讼当中,裁判官和审判员的职能划分反映了法律和事实的区分。现在,由一位法官负责审理整个案件,两者的区分就变得不那么清楚了。随着案件的进行,法律问题会逐渐显现出来。技术性术语丧失了其技术意义,而这也会导致法律本身丧失精确性。

比如,古典法清楚地区分所有权和占有。对某物的所有和占有通常会集中在同一个人身上,但也有可能一个人是某物的所有权人,同时另一个人实际控制

---

* 教会神父(Church Fathers, Kirchenvater),简称教父,也被称为早期基督教教父或基督教教父,是古代极具影响力的基督教神学家,他们为基督教的思想体系与教义的发展奠定了基础。教父们活跃的历史时期通常被称为"教父时期",约始于公元一世纪末,止于公元八世纪中叶。其中,公元四世纪至五世纪为教父思想发展的鼎盛时期——当时基督教正逐步被确立为罗马帝国的国教。——译者注

第二章 古代罗马法

着该物。丧失占有的所有权人享有一种特别的诉讼——返还诉讼(vindicatio),通过这种诉讼,他可以要求占有人返还该物。占有人则不能提起这种诉讼,尽管他可以寻求令状。在返还诉讼中,所有权人必须证明他的所有权。如果所有权人想不通过返还诉讼要求返还该物,而是想直接取回该物,那么占有人可以通过令状来对抗他。在后古典法中,所有主张自己有权占有标的物的人均可提起返还诉讼,因此所有权和占有的区分就变得不重要了。

另外,古典法还区分设立转移所有权的义务的合同(比如买卖合同)和所有权的实际转移。合同属于债法,因为它使得卖方有义务转让所有权、买方有义务支付价款,但它不会直接产生所有权转移的效果。在转让行为发生之前,所有权仍然属于卖方,而转让行为属于有体物法。现在,这个区分也变得模糊了,这个时期的法学家会说,"所有权因为买卖合同而转移"。

古典时期的特点是精确性和精致的思维方式。对于懂得欣赏古典法的这些特点的人来讲,上述示例会让他们对后古典法产生一种混乱和退化的印象。后古典法显得没有科学性,因此他们称之为"庸俗法"(Vulgarrecht),这个叫法模仿自"庸俗拉丁语"(Vulgärlatein)。庸俗拉丁语是拉丁语被转化为各种罗曼语时的称呼。另一些人则强调,法律必须改变自身以适应社会条件的变化;以牺牲技术性为代价获得更多的随意性,也是法律生命力和"有机生长"的一种表现。

随着《安东尼谕令》的颁布,市民权在整个帝国范围内得到普及,与此相伴的是中央政府对行省控制的放松。这意味着各个地方的罗马法不再是一样的了。之前的法律是统一的,罗马市民不管住在哪里都可以适用,现在法律变得行省化了,在不同的行省会呈现出不同的形态。很难准确地搞清楚各行省之间的差异程度,因为除了埃及之外,各个行省留下的证据都很少。埃及干燥的气候使得大量的莎草纸文书可以保存下来,其中很多记载了各种法律行为。这些文书表明,埃及人倾向于遵从他们比较熟悉的当地形式,只是会增加某些用语,因为他们希望这样可以使文书在罗马法下也有效。在其他行省,由于之前的当地法没有那么发达,所以罗马法的意义会大一些,但是各地都存在变通的做法。

各行省对罗马法的变通被划为当地习惯。直到这个时候,当地习惯和一般法之间的关系都不算是个大问题。古典法学家认为,尽管法律经常源自习惯,但是习惯只有经过某种被承认的法源(比如执法官告示或者皇帝的批复)过滤之后才能成为法律。然而,仅适用于当地的习惯可以是有效的,如果它只是对法律进行补充并且与法律无矛盾。比如,买卖法允许当事人自行设定条款,同时也提供了一些在当事人没有特别约定时适用的规则,例如,如果买方因标的物被第三人追夺,那么卖方应对此承担责任。通常,卖方必须为这样的责任提供担保,但是责任的准确范围则可以留给当地习惯去确定,比如,卖方应当提供一倍价款的担保还是两倍价款的担保。除非当事人有不同的约定,否则可以认为他们在签订合同的时候心里是认可这样的习惯的。因此,这种补充性的习惯是有效的。

法学家们偶尔也会思考这种地方习惯的效力基础。他们认为,制定法的效力源自人民的意志,这种意志是通过在民众会议上表决的方式正式表达出来的;习惯的效力基础也是人民的意志,只不过这种意志是通过他们的实践来表达的。公元二世纪的法学家尤里安认为,成文法之所以对我们有约束力,恰恰是因为它们是人民通过投票批准的,人民批准但是没有作成书面形式的东西也应当具有同样的约束力。人民通过投票明确表达其意志和通过行为表达其意志,两者有什么区别呢?尤里安的文本(D. 1.3.32),就像它流传给我们的那样,以一个合乎逻辑的结论作为结尾:成文法不仅可以通过立法者的投票来废除,也可以通过所有人关于"不使用"(即与成文法背道而行)的默示合意来废止。

公元三世纪至四世纪,地方习惯的数量有所增加,帝国政府尝试在地方习惯不仅仅补充法律,而且与法律有冲突的时候限制对地方习惯的承认。公元319年,君士坦丁皇帝指出,习惯的权威性及其践行的长期性具有重要意义,不应被忽视,但是习惯只有在不违背理性或者成文法的情况下才是有效的[C.8.52(53).2]。

对于那些在适用罗马法时想要维持某种一致性的人而言,他们面临的困难是,经常需要花很大的力气才能搞清楚罗马法到底是怎么规定的。公元四世纪的法律实践者可能会知道,此时应该查看权威法学家(比如保罗或者乌尔比安)的著作。不过,这说起来容易做起来难,因为保罗的《裁判官告示评注》有八十卷,乌尔比安的有八十一卷。之前的法学家肯定经常查阅这些书并且熟悉其内容。

然而,公元五世纪早期,工作压力比较大的法律从业者倾向于尽量避免查阅这样的书籍,他们更喜欢盖尤斯的《法学阶梯》,该书只用了四卷的篇幅,论述了市民法的全部内容。《法学阶梯》及其作者在后古典时期获得了巨大的声誉。那时候的法律从业者需要的

第二章 古代罗马法

是实用规则,他们希望能直接适用,而无须思考其背后的原理。到了公元五世纪中叶,他们甚至连盖尤斯的《法学阶梯》都觉得太复杂了,于是在西罗马帝国就出现了《盖尤斯摘录》(Epitome Gai)。该书的编辑者只关心规则,所以他把盖尤斯解释规则如何形成的内容全都删掉了。

实际上,那时候的法律从业者根本没有能力自己判断应该参考谁的著作,也不知道当他们参考的著作观点相互不一致的时候该怎么办。他们需要皇帝的指导,公元426年的《引证法》为他们提供了这种指导。该法以东罗马帝国皇帝狄奥多西二世和西罗马帝国皇帝瓦伦丁三世(两个皇帝都是狄奥多西一世的孙子)的名义发布。该法把五位法学家提升到首要权威的地位,他们分别是帕比尼安、保罗、乌尔比安、莫德斯汀和盖尤斯。前三位是统治古典法最后一个时期的法学巨匠,他们入选这个名单是理所当然的。莫德斯汀是乌尔比安的学生,是最后一位著名法学家。这份名单比较特别的地方是,其中包含盖尤斯,这表明盖尤斯的著作在后古典时期很受欢迎。该法也允许参考这五位首要权威法学家引用的其他法学家的著作,不过由于其他法学家的著作的抄本很少而且不可靠,所以引用的时候必须对抄本进行比较。因此,实际上只有这五位首要法学家才算数。如果他们的意见不一致,则以多数意见为准。如果分别持不同意见的人数相等,则以帕比尼安的意见为准。只有分别持不同意见的人数相等,而帕比尼安又没有发表过意见的时候,法官才可以根据自己的观点作出判决。从"法发现"(law-finding)降格为单纯的机械程序,说明罗马法学已经下滑到了最低谷。

此时,以法学著作为基础的法律被称为"法"(ius),以区别于源自皇帝立法的法律,后者被称为"法律"(lex)。大量的皇帝立法需要分类排序和体系化。在公元三世纪末出现了两部收录皇帝谕令(大多是批复)的私人汇编,都以汇编者的名字命名,分别为《格雷哥里安法典》(Codex Gregorianus)和《赫尔莫杰尼安法典》(Codex Hermogenianus)。公元五世纪,皇帝的幕僚认为需要一部官方的汇编,于是狄奥多西二世任命了一个委员会来负责汇编自君士坦丁以来的全部皇帝立法。

原先的计划是,把立法和法学著作结合在一起,编成一个适用于帝国全部公民的宏大生活计划(C. Th. 1.1.5)。然而,在工作进行的过程中,法学著作被放弃,而且汇编者被允许缩略和改变所收录的法律,以便反映当前的法律状况。整部汇编一共包括十六卷，每个标题下的法律按照年代顺序来排列，于公元438年年初完工。这项工程的计划和执行都是在东罗马帝国完成的，但副本也被发送到西罗马帝国，由皇帝瓦伦丁三世和元老院批准。

《狄奥多西法典》的原本没有流传下来，不过基本上已经被重构出来了。它是罗马帝国晚期政治、经济史以及法律史的主要原始文献，不过不容易使用，因为其语言比较夸张而且经常很晦涩。具体的规定看起来是由皇帝的官员起草的，他们觉得，法典是否容易理解不是那么重要，更重要的是，皇帝的立法要反映皇帝的荣耀。至少在西罗马帝国，法典上不得不附加"解释"（interpretationes），也就是说，用简单的语言来解释其内容。

第十一节　西罗马帝国的灭亡

公元五世纪，在日耳曼部落的持续压迫下，西罗马帝国逐步瓦解。公元五世纪初，阿拉里克（Alarich）领导下的西哥特人向西迁移，进入意大利，然后只是暂时被从不列颠撤防回来的军队挡住。而不列颠正在遭受萨克森人的侵袭。原本在米兰的西罗马帝国政府搬到了亚得里亚海附近的拉韦纳。公元410年,西哥特人洗劫了罗马城。罗马很久以前就不再是行政或者军事中心了,但是它的古老传统仍然保留着——元老院还在罗马开会,而且它也是教皇所在地,所以具有巨大的象征性价值。这个消息带来的冲击波传遍了整个帝国。出身意大利和伊利里亚边界的圣杰罗姆(Hieronumus)在伯利恒写信惊呼:全世界最明亮的光源熄灭了,帝国的头颅被掳了(preface to *Commentary on Ezekiel*, 1)。意大利的法律生活没有从战争中恢复。在公元451年的一项谕令当中,瓦伦丁三世对于以下事实发出悲叹:有些地区既缺诉讼代理人也缺法官,懂法的人很难找到或者根本就没有(Nov. Val. 32.6)。

在罗马被洗劫两年后,西哥特人迁入卢瓦尔河以南的西南高卢地区,在那里他们通过签订条约被允许在当地定居并在图卢兹设立首都。在高卢东部,勃艮第人根据类似的条款被允许定居,和高卢-罗马居民联合起来共同对抗匈人。他们的首都是沃尔姆斯。公元429年,汪达尔人穿过高卢进入西班牙,在阿非利加登陆,然后迅速在帝国境内建立一个独立的王国。公元455年,他们也入侵意大利并洗劫了罗马。最终,公元476年,西罗马帝国最后一位皇帝退位,位于高卢和西班牙的日耳曼王国此时才在理论上成为独立的国家,

第二章　古代罗马法

它们在事实上成为独立国家的时间更早一些。

帝国政府的崩溃在西罗马帝国中心留下的真空在某种程度上是由教会来填补的。当世俗的行政管理不再起作用的时候,教会管理系统(与帝国的管理系统非常相似)便取而代之。教皇利奥一世(Leo I,440—461)与匈人首领阿提拉以及汪达尔人首领盖塞里克进行了协商。由于西部行省的基督徒都是天主教徒,他利用这一事实把罗马教区提升到首要教区的地位。根据利奥的说法,作为圣彼得的继承人,罗马的主教把使徒权力分给所有其他主教,因此,其他主教都要从属于他。这个理论甚至得到许多东罗马帝国主教的支持,尽管他们承认君士坦丁堡主教(作为"新罗马"主教)拥有和旧罗马主教一样的优先地位。

在公元494年写给东罗马帝国皇帝阿纳斯塔修斯(Anastasius)的一封信中,教皇基拉西乌斯一世(Gelasius I)提出了一个这样的观点:世界由两个独立的权威统治,即"圣权"(sacerdotium)和"治权"(imperium),教皇的统治范围是宗教事务,皇帝的统治范围是世俗事务。因此,两者都同样要臣服于基督的统治。他主张,相对于其他主教,教皇对于涉及教会的事务具有最终决定权。教会开始根据教会公会议的决议、圣经和教皇的决定(被称为教令)发展自己的法律体系。

把这些分散的法源融合成一个整体的,是世俗罗马法。教会法学家使用的基本概念就是从世俗罗马法借鉴而来的。

新独立的日耳曼部落在人数上总是比他们的罗马臣民要少得多,他们通常很乐意让他们的罗马臣民保留原先的法律制度。他们采用属人原则,也就是说,他们自己适用自己的法律,但不强制别人适用。其中较为发达的一些部落感觉到有必要将他们的部落法写成成文法。值得注意的是,他们颁布这些法律时用的不是他们自己的语言,而是拉丁语——行政管理和法律的语言。他们为此雇佣了熟悉罗马法词汇的高卢-罗马书写员。对这些书写员而言,即便他们希望他们所写的东西不受他们所使用的术语的技术含义的影响,他们也很难做到。

这种立法的第一个已知的例子是尤里克(Eurich)以告示的形式发布的法律。尤里克从公元446年到484年担任西哥特人的国王。该告示可能是于公元475年左右发布的,此时他宣布,之前由罗马的高卢长官所行使的权力现在由他来行使。尤里克的法律没有按传统日耳曼法的方式记录西哥特法律实践,而是由国王及其主要权贵按皇帝谕令的方式进行表述。尤里克希望其罗马臣民和西哥特臣民保持分离状态,并禁

第二章 古代罗马法

止他们通婚,但是有一些示例体现了罗马法的直接影响,比如,有一个条款禁止对已经超过三十年的事项提起诉讼。尤里克的法律的起草者们由于接受了罗马法训练,倾向于认为罗马法表达了隐藏在所有民族的法律背后的基本原则。他们认为,所有关于私人争议的诉讼都必须有一个时间限制,所以他们插入了这项罗马法规则。

公元六世纪初出现了三部罗马法汇编,适用于蛮族统治者治下的臣民。《狄奥多里克告示》大约在公元500年由狄奥多里克大帝颁布。他是东哥特人在意大利的国王,他觉得把自己视为东罗马帝国皇帝的代理人在政治上会比较便利。他的告示同时适用于罗马人和哥特人,但是内容是罗马的。尽管没有明确说明来源,但是其来源显然包括《狄奥多西法典》及其之前的两部法典(《格雷哥里安法典》和《赫尔莫杰尼安法典》),还有狄奥多西之后的"新律"(novellae constitutiones,新的谕令),《保罗判例集》(可能是后古典早期制作的保罗意见的节录版本)以及盖尤斯的《法学阶梯》。

勃艮第人在高卢的国王和西哥特人在高卢的国王分别颁布了法律汇编,专门适用于他们统治范围内的"罗马人"。勃艮第人重建了其王国,地点位于其原先在莱茵河的驻地往南的地方,不过这个位置更容易受到攻击,因为被夹在北边的法兰克人、西边的西哥特人和东边的东哥特人之间。勃艮第人的国王贡都巴德(Gundobad)颁布了两部法律。其中一部被称为《勃艮第法》(Burgundionum Lex)或者《贡都巴德法》(Lex Gundobada),只适用于勃艮第人;另一部是《勃艮第罗马法》(Lex Romana Burgundionum),该法在形式上与《狄奥多里克告示》相似,其内容来源也与《狄奥多里克告示》相同。

在这些罗马法汇编当中,最有影响力的是《西哥特罗马法》(Lex Romana Visigothorum),也被称为《阿拉里克摘要》(Breviarium Alarici)。它是由西哥特国王阿拉里克二世(Alarich II)于公元506年为其罗马臣民颁布的,可能是在面临法兰克人(贡都巴德的勃艮第人已经与法兰克人结盟)攻击时为了保证他们的忠诚而作的一种尝试。结果西哥特人于公元507年在普瓦捷(Poitiers)附近的沃耶(Vouillé 或 Vouglé)被打败,随后西哥特王国的重心转移到西班牙。《西哥特罗马法》的内容来源和《狄奥多里克告示》《勃艮第罗马法》一样,不过在《西哥特罗马法》当中会明确标注来源而且内容更加广泛。法律(lex,官方的立法)和法(ius)在这里再度被区分。这部汇编从《狄奥多西法典》和狄

第二章 古代罗马法

奥多西之后的新律当中选取了很多谕令,随后还有《保罗判例集》的摘录和完整的《盖尤斯摘录》(盖尤斯的《法学阶梯》的高卢版本);也包括《狄奥多西法典》之前的两部法典的摘录,因为这两部法典是私人的、非官方汇编,所以被视为法(ius)而不是法律(lex);最后,还有一个来自帕比尼安的片段,显然是因为帕比尼安的声誉而插入的。除了《盖尤斯摘录》之外,《西哥特罗马法》的每一部分都附有解释(interpretationes),以简单、粗俗的拉丁语讲解文本的要点。这些解释可能来自高卢的法律学校在前一个世纪形成的文献。

《西哥特罗马法》是我们认识西罗马帝国最后一个世纪西部庸俗法的主要原始文献。从六世纪到十一世纪,在那些取代古罗马帝国的王国当中,《西哥特罗马法》也变成了罗马法的主要渊源。在位于西班牙的西哥特王国当中,《西哥特罗马法》一直适用到公元七世纪中叶。那时候,两个民族的融合得到了承认,因此适用属地原则,也就是说法律适用于所有生活在王国中的人,而不再适用属人原则。在实践中,《西哥特罗马法》在法兰克王国也具有权威地位。在公元507年打败西哥特人以及公元532年打败勃艮第人之后,法兰克王国的统治范围扩展至整个高卢地区。法兰克人接受属人原则但是并没有颁布罗马法汇编,反而喜欢用西哥特和勃艮第的罗马法。在法兰克人的抄本当中,西哥特和勃艮第的罗马法经常被抄在一起。

第十二节 优士丁尼和《市民法大全》

西罗马帝国的崩溃对东罗马帝国没有太大影响,相反,公元五世纪下半叶,君士坦丁堡和贝鲁特的法律学校还迎来了法律学术的复兴。法律文本当然都是用拉丁语写的,但是他们用希腊语来讲解。在公元527年,有一个人登上了皇帝的宝座,他的名字和罗马法永远联系在一起。这个人就是优士丁尼,他出生在耐修斯(Naissius,即现在塞尔维亚的尼什)附近,这也是君士坦丁的出生地。优士丁尼的母语是拉丁语,他也是最后一位母语是拉丁语的东罗马帝国皇帝,他在君士坦丁堡接受了希腊语的教育,这时候君士坦丁堡改回了它以前的名字——拜占庭。他充满雄心壮志的计划是在各个方面恢复罗马帝国在古代的荣耀,他的法律工程是这个计划的一部分。他是一个精力非常充沛并且要求细节的人,像拿破仑一样只需要很少的睡眠。他的妻子迪奥多拉对他的影响非常大,她原本是一名演员,于公元548年去世。妻子去世之后,他作为统治者的工作积极性大大降低了。通过他的将军纳尔塞斯

第二章 古代罗马法

(Narses)和贝利萨留(Belisarius)的努力,他从汪达尔人手中收复了北非,并且打败了东哥特王国,在意大利恢复了罗马帝国的权威。当教皇要求与皇帝享有同等权威时,他拒绝了这样的要求并认为自己同时具有最高的宗教权力和最高的世俗权力。他的宗教权威的象征是位于拜占庭的圣索菲亚(Hagia Sophia)大教堂。在建造这座教堂的时候,他声称自己已经超越了所罗门。

作为立法者,优士丁尼是非常幸运的,因为有特里波尼安这样杰出的大臣帮他执行计划。我们不知道,他的想法是否受到西哥特国王的影响,因为优士丁尼从来没有承认过这点。阿拉里克的目标是为其罗马臣民制定一部适合公元六世纪高卢的法律,而优士丁尼则有意识地回顾罗马法的黄金时代,他的目标是恢复罗马法在三个世纪以前达到的巅峰状态。但同时他也有一个不大相容的想法:他制定的法律也可以适用于他那个时期的拜占庭帝国。

他的立法项目里有一个比较平常的部分,即更新《狄奥多西法典》。当时法律发展的主要载体是皇帝的谕令,在之前的一个世纪里出现了很多"新律"。优士丁尼《法典》按照时间顺序将谕令排列在各个标题下,总共编成了十二卷。在对法律进行大规模整理的过程中,很多从古典法时期以来就没有得到解决的问题浮出了水面,最后由优士丁尼通过他自己的谕令来解决。

优士丁尼的汇编工作当中最重要的一部分是前所未有的。这就是《学说汇纂》(拉丁语是 Digesta,希腊语是 Pandectae),它是一部摘录合集,其内容是从很多伟大法学家的著作中摘录出来的片段。《引证法》提到的五位法学家占据了最显著的地位,《学说汇纂》超过三分之一的内容来自乌尔比安,六分之一的内容来自保罗,不过也包含一些早期著名法学家的著作片段,甚至有共和国晚期的法学家的著作片段。整部作品犹如一块巨大的法律马赛克,篇幅大约是圣经的一倍半,不过优士丁尼表示,它的篇幅仅仅相当于其汇编者处理的材料的二十分之一。摘录出来的片段是根据标题来排列的,每个标题都处理一个特定的主题,总共分为五十卷。如果一个主题不方便分开,比如遗赠,那么一个标题可能会延续三卷。不过,通常而言,汇编者们还是喜欢区分标题的,比如买卖合同一共分为八个标题:一个总标题和许多个涉及买卖合同各个方面的分项标题。这些标题按照传统的裁判官告示的顺序来编排,不过在每个标题下,各个片段的安排看起来非常随意。

汇编者们被告知,每一个片段都要用小标题来注

第二章 古代罗马法

明其来源。十九世纪时,在对这些小标题进行研究之后,德国法律史学者布鲁梅(Bluhme)认为,摘录的片段都可以分成三个组,每个组的片段分别来自特定的著作,在每一组当中,各个片段通常以同样的顺序排列,尽管这些组本身并不是在每个标题下都按同样的顺序排列。因此,他推断,由于皇帝要求他们快速完工,所以他们肯定是自己分成三个委员会,每个委员会分别负责从一批特定的著作里选取片段。然后,每个委员会把像链条一样排好序的片段提交给全体会议。在全体会议中,按照标题来确定它们提交的这些链条的顺序,少数特别重要的片段被移出这个顺序,放到更加重要的地方去。最近,利用计算机进行的研究,进一步完善了布鲁梅的结论。

《学说汇纂》只用了三年的时间就完成了,为了节省劳动量,汇编者们肯定是把材料进行了简化并尽量使简化后的片段相互保持协调。尽管每个片段都标明了出处,但是我们不能认为,他们归到每个法学家名下的片段就真的是这些法学家自己写的。这不仅仅是因为原著中的讨论被删减,还因为汇编者们被明确指示必须消除所有的矛盾并避免重复。古典法学家之间相互争论的证据因此被大量删掉。

汇编者们也被授权对文本进行实质性的修改以保

证最终的文本可以反映公元六世纪拜占庭的法律。这种修改的范围到底有多大,正是二十世纪《学说汇纂》研究的焦点问题之一。这种修改,不管是对原文进行删除、增加还是直接修改,从公元十六世纪开始被称为"特里波尼安的镶饰"(emblemata Triboniani),近来被称为"篡改"(interpolationes)。

《法典》和《学说汇纂》是优士丁尼立法工程的主要部分,但它们太过复杂,不适合让初学法律的学生直接学习。因此,优士丁尼下令,以约四个世纪前的盖尤斯的《法学阶梯》为基础,编写一本新的《法学阶梯》,作为前述两个部分的补充。尽管是一部基础教科书,但它的地位与《学说汇纂》和《法典》等同。《学说汇纂》和《法学阶梯》在公元 533 年 12 月 31 日成为法律,而一部修订版的《法典》在一年后生效。

优士丁尼的汇编工作所使用的材料有不同的来源,其中一些(比如《法典》的内容)来自立法,另一些来自法学家的著作,其权威仅仅来自其作者的声望。优士丁尼把整套汇编成果都转化成了制定法的形式,使其变成了他自己的立法。关于汇编者们以优士丁尼的名义对原文进行的修改,优士丁尼辩护说:他们修正了那些没有被准确陈述的内容,所以他们比原作者更值得被称颂(Constitutio Deo auctore,6)。他禁止人们

第二章 古代罗马法

参考任何原始文献,并且试图禁止人们对文本进行评注,其理由在于其内容已经非常清晰。

优士丁尼继续颁布谕令,直到他于公元565年去世。这些新律中有很多是用希腊语写的,被私人收集起来,与其他三个部分放在一起,后来四个部分一起被称为《市民法大全》(Corpus iuris civilis),与教会的教会法相对应。这一整套《市民法大全》体现了上千年法律发展的成就。如果没有优士丁尼的汇编工作,那么我们对早期法的了解会非常匮乏。只有少量的古典法文献直接流传下来,其中最重要的是盖尤斯的《法学阶梯》,它的全文直到1816年才被发现。

比较奇怪的是,优士丁尼的立法尽管在颁布的时候非常隆重,但却没有引起很大的关注。因为是用拉丁文写的,所以很多讲希腊语的拜占庭律师无法阅读。《法学阶梯》的编撰者之一——狄奥菲鲁斯(Theophilus)因此编写了该书的希腊文版本,被称为《法学阶梯译本》(Paraphrase)。公元八世纪时出现了一部篇幅较短的希腊文官方法律汇编,叫作《选篇》(Ecloga),该汇编的目的是根据当时的拜占庭法律实践修改优士丁尼法。大约在公元900年,"智者"利奥皇帝(Leo)发起编纂了一部大部头的优士丁尼法希腊语重述,叫作《巴西利卡》(Basilica),把《学说汇纂》《法典》《法学阶梯》和《新律》的内容编成一个整体。《巴西利卡》的文本附有"注疏"(scholia),注疏的内容主要来自优士丁尼时期的法学家的评注,因此有时候具有弄清拉丁原文的作用。接下来的几个世纪出现了许多《巴西利卡》的节略本,其中最具影响力的是于公元1345年公布的《六卷本》(Hexabiblos),它在被1940年的法典取代之前,一直是现代希腊法的基础。

公元1453年,领土范围逐渐缩小的拜占庭帝国最终屈服于土耳其人的进攻,但是拜占庭的罗马法以希腊语的形式继续在巴尔干和俄罗斯存续,这些地区的皇帝喜欢把自己当成拜占庭皇帝的继承人。

参 考 文 献

参考文献按相关章节编号排列。关于古代罗马法的一般发展,参见 H. F. Jolowicz and B. Nicholas, *Historical Introduction to the Study of Roman Law*, 3rd edn, Cambridge 1972; W. Kunkel, trans. J. M. Kelly, *An Introduction to Roman Legal and Constitutional History*, Oxford 1966; A. A. Schiller, *Roman Law: Mechanisms of Development*, The Hague, Paris, New York 1978; B. Nicholas, *An Introduction to Roman Law*, 3rd edn, Oxford 1988。关于自《十二表法》以来所有罗马成文法的文本和翻译,参见 M. H. Crawford (ed.), *Roman Statutes*, 2 vols., London 1996。《十二表法》、裁判官告示和其他法源的翻译,参见 A. C. Johnson, P. R. Coleman-Norton and F. C. Bourne, *Ancient Roman Statutes*, Austin, Tex. 1961。关于罗马帝国晚期, Edward Gibbon, *Decline and Fall of the Roman Empire*, *1776—1788* 仍具有重要价值, A. H. M. Jones, *The Later Roman Empire*, *284—602*, 3 vols., Oxford 1964, 可作为补充资料。

2.1. P. Stein, *Regulae iuris*: *From Juristic Rules to Legal Maxims*, Edinburgh 1966.

2.5. A. N. Sherwin-White, *The Roman Citizenship*, 2nd edn, Oxford 1973; J. Gonzalez, "The Lex Irnitana: A New Flavian Municipal Law," *Journal of Roman Studies*, 76 (1986), 147.

2.6. B. Frier, *The Rise of the Roman Jurists*, Princeton 1985; A. A. Schiller, "Jurists' Law," *An American Experience in Roman Law*, Göttingen 1971, 148.

2.7. P. Stein, "The Development of the Institutional System," in P. Stein and A. Lewis (eds.), *Studies in Justinian's Institutes in Memory of J. A. C. Thomas*, London 1983, 151; *The Institutes of Gaius*, with trans. by W. M. Gordon and O. Robinson, London 1988.

2.8. T. Honoré, *Ulpian*, Oxford 1982; P. Stein, "Ulpian and the Distinction between *Ius Publicum* and *Ius Privatum*," *Collatio iuris romani*, *études dédiées à Hans Ankum*, Amsterdam 1995.

2.10. E. Levy, *West Roman Vulgar Law*: *The Law of Property*, Philadelphia 1951; *Weströmisches Vulgarrecht* II: *Das Obligationenrecht*, Weimar 1956.

2.11. *The Theodosian Code and Novels*, trans. with commentary by C. Pharr, Princeton, London 1952; T. Honoré, "The Making of the Theodosian Code," *ZSS* (*RA*), 103 (1986), 133.

2.12.《市民法大全》的标准版本是：I. *Digesta*, ed. T. Mommsen and P. Krueger, 16th edn, Berlin 1954; II: *Codex*, ed. P. Krueger, 11th edn, Berlin 1954; III: *Novellae*, ed. R. Schoell and G. Kroll, 6th edn, Berlin 1954。《学说汇纂》的英文翻译，参见 *The Digest of Justinian*, ed. A. Watson, 4 vols., Philadelphia 1985;《法学阶梯》的文本和翻译，参见 P. Birks and G. McLeod, London 1987。关于《市民法大全》的汇编过程，参见 T. Honoré, *Tribonian*, London, 1978; D. Osler, "The Compilation of Justinian's Digest," *ZSS* (*RA*) 102 (1985), 130。

第三章 优士丁尼法的复兴

第一节 罗马法和西部的日耳曼法

从公元六世纪到十一世纪,在西欧提到罗马法通常会被理解为是指所谓的蛮族法典,尤其是西哥特罗马法。这些汇编反映的不是古典时期的罗马法,而是公元五世纪的"庸俗法"。它们就像采矿场,在需要小型汇编的时候,就可以从中挖出规则来。这些汇编在篇幅和复杂程度上没有办法与优士丁尼立法相比,它们反映的是一种低水平的法学。不过,即便如此,它们有时候还是显得超出了公元六世纪至七世纪那些查阅者的理解力。

皇帝的法院系统由职业法官构成,他们扮演着国家机器的角色,替国家执行法令。在中世纪早期,皇帝的法院系统消失了。取而代之的是当地的自由民团体,他们希望以尽量不破坏共同体生活的方式去解决纠纷。自由民会议必须就提交上来的案件确立习惯法规则。这些规则不必被严格适用,它们只是为争议的解决提供一种参考框架,争议通常通过折中的方法来解决。个人不再有作为世界帝国公民的归属感,而是感觉自己属于某个民众共同体,在这个共同体当中,大家有着相似的种族出身和传统习俗。

如果争议不能通过调解解决,那么共同体法院将会根据证明程序来进行判决,重要的争点通常交由"神判"来确定。"神判"的方式包括严峻的考验、决斗或者提供宣誓帮助人。宣誓帮助人宣誓他相信己方当事人所说的是真的,提供宣誓帮助人最多的一方获胜。判决的执行需要依靠来自共同体的压力,终极的威胁是逐出共同体。

中世纪早期的法律必须在这种背景下加以考虑。认为罗马法和日耳曼习惯法之间有严格分界线的观点是有误导性的。法院会努力促使双方当事人认可共同体中适用的传统规则,但是对于不平常的案件,他们可以自由地选择引用其他部落的法律规则或者罗马法规则。在公元六世纪,罗马法仍然适用于"罗马人"(Roman)的事务,"罗马人"就是指"高卢-罗马人"(Gallo-Roman),也就是屈服于日耳曼征服者的人。不过随着人口的融合,属人原则逐渐让路于属地原则,也就是说,所有居住在特定地区的居民都适用同样的法律。

在这个时期,主要适用的法律实质上是日耳曼统治者的习惯。这些习惯至今为止都是通过口头流传

第三章 优士丁尼法的复兴

的,不过现在也被收集在一起形成书面记录。就像尤里克的法律那样,当权者得到高卢-罗马法学家和书写员的帮助,法律文本所用的语言是拉丁语。这些法律主要规定的是各种侵害案件(比如盗窃、财产损害、人身损害、性侵犯和杀人)的受害者或者受害者家庭可以获得的金钱补偿。这些法律同时非常详细地规定了精确的惩罚。这些惩罚反映了不同种类的盗窃或者侵害的严重程度,从中可以看出,罗马法的影响很小。上述法律中也有一些关于家庭地位和程序的规定,但是很少有关于合同和财产的规定。

从公元八世纪起,罗马法对日耳曼法的影响有所增加,不过罗马法的文本经常被误读。《古里安罗马法》(Lex Romana Curiensis)是公元八世纪末为瑞士东部莱提亚(Rhaetia)的罗马化居民制定的法律汇编。该法参引了公元426年的《引证法》。《引证法》规定,如果法学家的意见在法庭上被引证,那么法官应遵从多数意见,如果人数相等,则以帕比尼安的意见为准。这项规则被公元八世纪的法学家理解为:在每一方当事人都在法庭上提供宣誓帮助人的情况下,宣誓帮助人人数多的一方获胜;如果双方提供的宣誓帮助人的人数相等,那么能引用"帕比安努斯法"(Lex Papianus)的文本支持其主张的一方获胜。"帕比安努斯"

(Papianus)是《勃艮第罗马法》在中世纪早期的一个称呼,因为在一些抄本当中,《勃艮第罗马法》被排在《西哥特罗马法》后面,《西哥特罗马法》的最后以帕比尼安的片段结尾,所以《勃艮第罗马法》被误以为是帕比尼安的片段的延续。

在意大利,人们对罗马法的理解要好一些。公元八世纪伦巴第国王利乌特普兰德(Liutprand)的告示表明,它在日耳曼法几乎未涉及的商业事务上参考了罗马法。在习惯于用书面文件来证明财产转让和债务发生的地区(比如伦巴第),相关的契据通常是由职业公证员起草的,他们一般遵从传统的格式。利乌特普兰德的告示规定,在罗马公证员面前作出的书面文件必须符合罗马法的规则,伦巴第的契据必须符合伦巴第法的规则;不过,一方当事人经过对方的同意也可以放弃他的属人法并遵从另一方的法律。这项规则所涉及的是,在交易双方属于不同的共同体时,为了避免属人原则带来的不便而发展起来的一种实践做法。

例外的是,在意大利,罗马法并不是指蛮族法典。公元553年,在与东哥特王国结束长期、惨烈的战争后,优士丁尼的将军们曾经短暂地把整个意大利置于拜占庭的统治之下。第二年,"在教皇维吉利乌斯(Vigilius)的请求下",优士丁尼颁布了"国事诏书",宣布

第三章 优士丁尼法的复兴

他的立法扩展适用于意大利。即使是在伦巴第人于公元568年入侵之后,半岛的一些地区,尤其是南边(大部分是说希腊语的地方)和拉韦纳地区(曾经是拜占庭的地区总督所在地)仍然与拜占庭帝国保持常规联系。因此意大利的一些地区知道并使用优士丁尼法的一些部分(当然不包括《学说汇纂》),其中包括优士丁尼的《法学阶梯》、《法典》的前九卷(最后三卷涉及的是拜占庭的行政管理法)以及优士丁尼《新律》的六世纪拉丁节略本[被称为《尤里安摘录》(Epitome Iuliani),是为了适用于意大利而专门编纂的]。

罗马法律传统的主要守护者是教会。作为一项制度,整个欧洲的教会的属人法是罗马法。就像法兰克人的利普利安部落的法律(Das Gesetz des Fränkischen Stammes der Ripuarier)[61(58)1]所说的那样,"教会是根据罗马法生活的"。教会继续通过汇编相关文本来建立它自己的法律。教会所面临的问题越来越复杂,因此对罗马法的参考也越来越多。原则性的宽泛陈述特别受重视,不过罗马法当中也存在一些处理教会事务的具体规定(尤其是《新律》当中的规定),比如修道士的法律地位。罗马法关于教会的内容被收集在特别的汇编中,比如公元九世纪的《涉及教会的罗马法》(Lex Romana canonice compta)。

在意大利,法律专业知识的水平最高。不过教会也把罗马法的一些知识带到欧洲的偏远地区,在这些地区,罗马人的制度在帝国统治终结后就消亡了。位于英格兰的盎格鲁-撒克逊王国并没有为他们仍然留在当地的高卢-罗马臣民制定特别的法律规则。然而,英格兰在公元七世纪被基督化之后,教会并没有把教育限定于福音书,据说塔尔苏斯的狄奥多(Theodore of Tarsus)在坎特伯雷(Canterbury)建立的学校开设了很多科目,其中就包括罗马法。这样的科目设置可能受到狄奥多的《忏悔书》(Poenitentiale)的启发,该书包含这位大师对一些法律问题的解答,比如关于结婚的要求、奴隶的地位以及对损害的赔偿等法律问题。这些回答表明了他具备罗马法知识以及他运用罗马法的决心。在这些规则当中,有一些被吸收进了盎格鲁-撒克逊法。虽然纯正主义的基督教作者如比德(Venerable Bede),因为罗马法的世俗性和非基督特征而反对它,然而,作为古代知识的一个非常重要的部分,罗马法在大多数主教座堂学校和修道院图书馆当中都保有一席之地。

尽管没有迹象表明有人认真地研习过罗马法,但是人们一般认为,一个受过良好教育的人(尤其是神职人员)必须对罗马法有一些认识,因为它是罗马遗

第三章　优士丁尼法的复兴

产不可分割的一部分。除意大利以外的整个欧洲,基础罗马法的一个重要参考资料来源是塞维利亚的伊西多尔(Isidor von Sevilla)于公元七世纪二十年代编写的百科全书式的《词源学》(Etymologiae)。他的罗马法知识来自西罗马帝国的庸俗法,在列举伟大的立法者时,他没有提到优士丁尼。整个欧洲流传下来的抄本的数量表明,很多有文化的神职人员都用这本书来查找技术性法律术语和缩写的含义。

第二节　教会和帝国

公元774年,法兰克国王查理曼推翻了伦巴第王国,并让其儿子在伦巴第首都帕维亚(Pavia)当国王。查理曼受到盎格鲁-撒克逊学者约克的阿尔昆(Alkuin von York)的影响。他在公元781年在帕尔马遇到后者,并让其担任皇家家庭教师和教育及宗教事务顾问。阿尔昆唤醒了罗马作为世界首都(caput mundi)的记忆,这个观念成了所谓的加洛林文艺复兴的主导特征。公元800年的圣诞节,查理曼在罗马接受教皇利奥三世(Leo III)加冕时,想要实现阿尔昆的这个梦想,并因此重新把他的各个王国合并成一个新的帝国。皇帝和教皇都利用了罗马及其世界帝国的神秘记忆。罗马民众为查理曼"受上帝加冕"而欢呼。因此,他可以同时称其帝国为"神圣的"和"罗马的"。

此时,教会和帝国的关系重新引起世人关注。根据教皇基拉西乌斯一世(Gelasius I)于公元494年写给皇帝阿纳斯塔修斯(Anastasius)的信件的精神,教皇颁布的教令具有普遍适用性。此时,查理曼及其继承者主张自己有权以罗马帝国法的形式为其全部臣民制定法律,无须经过人民同意,也不管臣民属于哪个民族。他们制定的"法令集"(capitularies)构成了一种一般属地法,与属人主义的部落法相对,是最早被称为"共同法"(ius commune)的法律汇编。"共同法"这个概念是有吸引力的,因为在欧洲大陆的很多地方,不同的部落开始融合在一起,而且他们的日耳曼语言也在为拉丁方言让路。

基拉西乌斯一世所提出的原则是教皇和皇帝分别作为两个独立的权威。公元十世纪至十一世纪,在此原则基础上建立的平衡被教会和帝国的斗争打破。教皇的法学家认为,教会的神圣使命使得其地位高于帝国,因此帝国法只有在符合教会法的情况下才是有效的。双方为了支持自己的观点,都诉诸罗马法。然而,优士丁尼《法典》的文本没有为教会提供帮助。优士丁尼拒绝基

第三章　优士丁尼法的复兴

拉西乌斯一世的原则,他曾认为,在皇帝身上不仅集合了被表达为"治权"(imperium)的最高世俗权力,也集合了被表述为"圣权"(sacerdotium)的最高宗教权力。在《法典》开头的片段当中,他宣布,他所统治的所有人民都必须践行圣彼得传给罗马人的正统信仰。然而,公元十一世纪末的主流教会法学家沙特尔的伊沃(Ivo von Chartres)争辩说,我们现在的教会法汇编仅仅包含特定的罗马法规则,这个事实表明罗马法只有在被教会承认的范围内才是可以适用的。

随着教皇格列高利七世于公元 1075 年宣布禁止平信徒授职权(即皇帝和王侯通过戒指和权杖向修道院院长和主教授职权),双方的矛盾达到了高潮。这个宣言事实上是宣布了教会及其高级神职人员独立于所有世俗国家。授职权之争持续了半个世纪,成了教会和帝国之间争夺优越性的象征。它刺激双方为各自的主张去寻找法律论据,并且使得双方感觉到,这个争议影响到了整个欧洲。

这个争议被教皇卡利克斯图斯二世(Calixtus II)和皇帝亨利五世(Henry V)于公元 1122 年通过《沃尔姆斯协定》(Wormser Konkordat)正式解决了。这项协定以之前与英格兰国王亨利一世达成的妥协为基础。这项协定区分了高级教士的宗教职位和他作为皇帝封臣的地位：他应当因其封建权力向皇帝效忠，然后从比他高级的神职人员处获得戒指和权杖，作为其宗教权力的象征。在这项协定达成之后，卡利克斯图斯很快就写信给亨利五世说："教会和帝国之间的不和给欧洲的信徒带来了多少损失啊，而我们的和平与统一将会带来多少成果啊。"(Monumenta Germaniae Historica, Const. I. 110)因此，存在着这样一种把欧洲视为教皇和皇帝统治下的基督教统一体的观念，同时人们也认识到维持这个统一体的必要性。不过，欧洲从此开始具有两个统治体系，每个体系都有自己的法律。

第三节 《学说汇纂》的重新发现

公元十一世纪晚期，法律文化的水平开始上升，有证据表明此时有人重新对优士丁尼法产生了兴趣。此时，公证员和诉讼代理人可以在他们的文件和诉讼文书当中准确地参考技术性的罗马法律制度。在编成五百年之后，优士丁尼的《学说汇纂》在西欧被作为规则和论据使用。毫无疑问，在意大利的图书馆里面收藏着一些抄本，但是因为篇幅太大而且不容易理解所以一直吓阻了其潜在读者。今天流传下来的所有《学说

第三章 优士丁尼法的复兴

汇纂》抄本最终都是源自一部来自比萨的公元六世纪的抄本。这个抄本于公元1050年在比萨被人注意到,后来在公元1406年被获胜的佛罗伦萨人作为战利品获得,现在在佛罗伦萨的洛伦佐图书馆(Biblioteca Laurenziana)。这部被称为《佛罗伦汀纳》(Florentina)的抄本和其他现存的抄本并没有直接的关系,它们之间的关系是间接通过一部公元十一世纪在比萨形成的修订抄本建立的。这个修订抄本被称为"第二抄本"(Codex secundus),没有流传下来。这个第二抄本是"通行本"(vulgata)或者"博洛尼亚抄本"(littera bononiensis)的来源,后者是十二世纪法律学校使用的版本。

重新发现整部《市民法大全》是一个缓慢的过程,持续了几乎整个十二世纪。《学说汇纂》分三个部分出现,分别被称为《旧学说汇纂》(Digestum vetus)、《加强学说汇纂》(Digestum infortiatum)和《新学说汇纂》(Digestum novum)。这个划分跟原本的结构没有什么关系,《旧学说汇纂》从第1卷到第24卷第2题,《加强学说汇纂》从第24卷第3题到第38卷,《新学说汇纂》从第39卷到第50卷。这个区分的缘由,以及为什么用"加强的"(infortiatum)这个词来指称中间的部分,我们并不清楚,这对于十二世纪的博士们(doctors)

来讲也是一个谜。它可能反映了《学说汇纂》的各个部分被普遍使用的顺序。最终,完整的《学说汇纂》和《法学阶梯》以及《法典》前九卷被编在一起。后来《三卷本》(Tres Libri)(优士丁尼《法典》的最后三卷)被发现,不过仍然和《法典》其他部分分开,而没有合并成一个整体。然后,比《尤里安摘录》(Epitome Iuliani)更好的《新律》版本被发现,被称为《真本》(Authenticum)。人们模仿《法典》的结构将后者分为九个汇编(Collationes)。《法学阶梯》《三卷本》以及《真本》被作为第五册,排在三册《学说汇纂》和一册《法典》(前九卷)之后。第五册也被称为"小册"(volumen parvum),被当作一个"容器"使用,一些非优士丁尼的法律比如十二世纪的帝国立法也被放进去。

神职人员可能比世俗法学家更加渴望利用新发现的文本去支持他们提出的新观念。93个来自《学说汇纂》的摘录(其中有90个来自《旧学说汇纂》)出现在一部教会法学家的汇编当中。这部汇编叫作《不列颠汇编》(Collectio Britannica),是一部来自大约公元1080年的意大利作品,现在仅存一部抄本,被收藏在不列颠图书馆(British Library)。这些《学说汇纂》文本的直接来源并不清楚,不过汇编者可能是在罗马的档案馆或者卡西诺山的大本笃会修道院

第三章 优士丁尼法的复兴

(großen Benediktinerabtei Monte Cassino)里面找到这些文本的。比如,据说法国教会法学家沙特尔的伊沃(Ivo von Chartres)曾经于1090年前后在罗马编纂自己的汇编。《不列颠汇编》本身成了阿尔卑斯山以北当地教会法学家汇编的来源。

重新发现《学说汇纂》的意义非常重大。虽然罗马法的概要可以很容易地从西哥特罗马法、优士丁尼的《法学阶梯》以及《法典》中获得,然而就像梅特兰所说的那样:

> 《学说汇纂》是唯一可以为中世纪的学生提供最好的罗马法知识的书籍。《法学阶梯》是一本简单的教科书。《法典》是由零散的法令组成的。《新律》不仅是零散的法令而且还是以华而不实、啰嗦的风格写成的,带来的坏处很可能跟好处一样多……如果没有《学说汇纂》,罗马法决不可能重新征服世界……人们也就不会有那么大的热情来研究其他书籍……第一个教授《学说汇纂》的人就是第一个教授现代世界所理解的罗马法的人……只有在《学说汇纂》当中,人们才能了解敏锐而精确的法律论证以及精确的定义,等等。(Letters, vol. II, ED. P. Zutshi, Selden Soc. supp. ser. II, 1995, nr 37)

公元十一世纪最大的世俗法学校是帕维亚(伦巴第王国的首都)的学校。帕维亚的法学家主要关注收录在《帕比恩西斯书》(liber Papiensis)当中的伦巴第法,这部汇编收录了法兰克人征服之前的伦巴第国王的告示以及法兰克法令集。在阐述这些文本的时候,帕维亚的法学家最先使用了在文本旁边加注释的方法。关于实质问题,他们形成了两派,一派是古代派(antiqui),另一派是现代派(moderni)。前者遵从对伦巴第文本的传统理解,而后者则很乐意把罗马法当作一般法去补充和解释伦巴第法。现代派的贡献被集中在对《帕比恩西斯书》的《解释》(Expositio)当中。这部《解释》大约出现在公元 1070 年,它参考的文献在意大利已经被使用了一段时间,即《法学阶梯》《法典》和《尤里安摘录》,不过也包括来自《学说汇纂》的九个摘录。

帕维亚的法学家并没有特别关注《学说汇纂》,因为他们的主要兴趣不在罗马法。他们关注的是伦巴第王国的法律,他们的目标是保证伦巴第法庭上的法官和诉讼代理人可以正确地为诉讼作准备。他们认识到优士丁尼的文本在促进法律推理意识方面的价值,但是他们并不是因为这些文本的内容而去研究它们。他们对《学说汇纂》的法律论证兴趣并不大,他们关心的是,从罗马法源可以得出何种关于法的本质和目的的一般结论。《解释》表明这些法学家不再简单地满足于对文本进行总结。他们现在想要深入地解释它们。《解释》强调,如果坚持某个文本的文字会导致不公正发生,那么必须探明其"法律理由"(ratio legis),文本要根据这个理由来理解。

第四节 市民法的注释法学家

帕维亚学派为研习法律文本的新方法指明了方向,不过最先对优士丁尼法进行科学性解释的荣誉不属于帕维亚,而是属于博洛尼亚。据说,博洛尼亚的第一位法学教师是一名律师(causidicus)和法律顾问,叫作佩波(Pepo),活跃于公元十一世纪的最后几十年。根据在一个世纪之后写作的英格兰神学家拉尔夫·奈吉尔(Ralph Niger)的说法,佩波的教学以《法典》和《法学阶梯》的文本为基础,不过他显然能够在法庭争辩当中引用《学说汇纂》。比如,公元1076年,托斯卡纳女侯爵比阿特丽斯在马尔图里的法庭(Der Gerichtshof der Markgräfin Beatrix von Tuscien in Marturi)需要审理一起关于一块土地的权利的纠纷。其中的一方当事人是一家修道院,该修道院主张它根据之前的捐赠而获得该土地的所有权。另一方是一位长期占有人。后者主张权利的依据是四十年的长期占有可以因时效取得该土地。不过法院被另一种观点说服:时效已经中断,因为根据佩波引用的《学说汇纂》片段(D. 4. 5. 26),存在一项有利于修道院的"回复原状"(restitutio in integrum)。

尽管佩波可以声称自己讲授过优士丁尼法,但是法律科学和法律实践的分离是由伊内流斯(Irnerius)确立的。他原本是一名语法教师,开始研习法律文本时他只是解释其中包含的难懂的术语,然后继续解释整段话。原先他只是在行间加"注释"(glossa),后来逐渐扩展到页边空白处。这样伊内流斯成了博洛尼亚一系列学者的第一位。这一批学者被称为"注释法学家"(Glossatoren),这个名称得自他们的这种有特色的文本解释方法。

关于法律在一般知识体系中所处地位的争论也是这种新研究进路的一个标志。塞维利亚的伊西多(Isidor von Sevilla)提出的传统观点认为,因为法律处理人类的行为,所以它必须被归到伦理学下。然而,此时有人认为,这仅仅在涉及规则的内容时是正确的;一旦要对文本当中的词语进行解释,法律便是逻辑学的一部分。逻辑学包括传统教育中被称为三艺(trivium)的全部三种技艺,即语法、辩证法和修辞学。这些学科所发展出来的技术为博洛尼亚的大师们所用。对于他们而言,法律是一种更高级的研习,只有已经掌握三艺的人才能进行这种研习。

在注释法学家眼中,优士丁尼的文本是神圣的,具有几乎相当于圣经的权威。他们毫不怀疑地接受优士丁尼的保证:文本当中不包含任何不能通过敏锐的洞察力调和的矛盾(Constitutio Tanta,15)。而且,他们理所当然地认为,优士丁尼的立法作为一个整体可以回答任何可以想象的法律问题。《学说汇纂》开头的片段把法学家称为祭司,随后的一个片段把法学定义为"关于人事和神事的知识"。因此,注释法学家们便产生了这样的疑问:这是否意味着法学家也应当研习神学?然而,答案是否定的,因为"一切都可以在《市民法大全》当中找到"。

他们所面临的主要困难之一是文本的排列非常缺乏条理。同样一个事项在《法学阶梯》《学说汇纂》和《法典》当中都可能涉及,但没有任何条理可言。博洛尼亚的注释法学家没有改变优士丁尼文本的顺序。他们为所有处理同一个特定主题的文本提供了交叉索引,解释它们之间的差异并编排好支持和反对某个特定结论的论据。他们可以仅仅通过开头的几个单词来引用《市民法大全》当中的每一个片段,这表明了他们对文本整体的熟悉程度。以后的罗马法学者对文本的熟悉程度都没有超过他们。为了弄清文本的正确含义,他们使用了所有的辩证法技术。对于他们来讲,每一个文本,甚至每一个文本当中的每一个独立的句子,由于经过优士丁尼皇帝的批准,都具有同等的权威。

从对具体文本的注释发展出了各种类型的法律文献。《学说汇纂》或《法典》特定标题内容的摘要发展成了对《市民法大全》某个部分(尤其是《法典》和《法学阶梯》)整体内容的"概要类著作"(summae)。"工具类著作"(apparatus)就是把对特定标题的注释汇编在一起,收录的注释比"概要类著作"更详尽。《学说汇纂》最后一个标题"关于古法的各种规则"(D. 50. 17, de diversis regulis iuris antiqui)是"工具类著作"特别偏好处理的主题。这个标题下包含超过两百项"规则",很多都是以一般格言的形式存在的。注释法学家非常喜欢"区分类著作"(distinctiones),也就是通过很多区分和子区分来进行详细的分类,有时候还通过图表来说明。还有专门汇集特定问题的"反对观点类著作"(dissensiones dominorum)以及汇集各种争论点的"问题类著作"(quaestiones)。"问题类著作"对每

第三章 优士丁尼法的复兴

一种观点都会附上论据以及相应的支持文本,通常还会附上一个"解决方法"(solutio)。然而,不管是哪一种文献类型,他们的内容都是围绕优士丁尼文本写的,因此与优士丁尼的文本构成了一个复杂的整体。注释法学家的研究成果不断增加,每一代人都在其前辈的基础上添加新的研究成果。

伊内流斯(Irnerius)之后是四博士那一代注释法学家,他们当中最杰出的是布尔加鲁斯(Bulgarus)和马丁努斯(Martinus Gosia)。布尔加鲁斯在博洛尼亚享有盛誉,被称为"金嘴"。马丁努斯喜欢一种更加自由的方法。什么样的文本解释方法能产生公平合理的结果?对此,他们有不同的看法。布尔加鲁斯认为,优士丁尼法是公正的,解释者的功能是找出文本的"法律理由"(ratio legis),即特定规则的目的。为了找到它,可以参考涉及同一主题的其他文本。相反,马丁努斯认为,这样做还不够。一个规则在孤立观察时表现出来一个意思,在考虑公平时可能就变成另一个意思了。这不仅仅是指一般的公平观念(equitas rudis),而是将《市民法大全》作为一个整体考虑时得出的公平观念(equitas constituta)。因此,在解释一个特定文本时,不应仅限于考虑其他处理同样主题的文本,也要考虑所有可能有助于解决问题的文本。

布尔加鲁斯的学生约翰内斯·巴西亚努斯(Johannes Bassianus)继承了他作为博洛尼亚学派领导人的地位。巴西亚努斯完善了文本解释的方法。根据他的观点,正确处理一个疑难文本应该包括四个阶段。首先,不加任何修饰,纯粹地陈述问题。其次,教师应当列出相反的文本以及这些文本提出的解决方案。再次,通过引用关于这种情形的一般原则把问题投射到更加广泛的层面上去。巴西亚努斯说,这些原则一般被称为法律格言。最后,应当对问题进行广泛的讨论,可以直接在课堂上讨论或者在晚上时间更充裕的时候进行讨论。这种方法从具体的文本开始,然后向外扩展讨论,首先扩展到其他涉及同样问题的相关文本,然后扩展至法律整体。

注释法学的目标之一,是发现《市民法大全》当中包含的一般原则或者法律格言。其中一些已经被汇集到《学说汇纂》的最后一个标题下(这个标题专门收录一般规则)。另外一些被从原本的背景中剥离出来并被用作相关问题的论据,它们在诉讼当中的功能是被某一方当事人用来建立对自己有利的推定,不过其范围具有不确定性,而且经常可能会碰到相反的原则。法律格言的汇编出现在十二世纪的最后二十五年里。这些汇编同时会收录一系列支持或反对某个法律格言

第三章　优士丁尼法的复兴

的文本。这些汇编显然是市民法的发明,但是它们也被教会法学家利用。它们可以让忙碌的律师快速找到权威文本,然后用这些权威文本来支持他们的主张并加深法官的印象。它们经常被用来"用科学蒙蔽法官"。

巴西亚努斯的学生阿佐(Azo)所承担的任务是将之前几代注释法学家对具体案件的广泛讨论整合为一个系统。他所写的关于《法典》的《概要》(summae)产生了巨大的影响,因此被视为法律实践不可或缺的工具;有一句谚语是这么说的,"没有阿佐,就不应该上法庭"。最后,在伊内流斯(Irnerius)去世一个世纪后,在1220—1240年,整个注释法学派的观点被阿佐的学生阿库修斯(Accursius)汇编在一起,这部汇编成了优士丁尼文本的《标准注释书》(Glossa ordinaria)。它包含超过9.6万条独立的注释,直接取代了之前所有的著作并且不断和原文一起被誊写,后来被印刷。

一般认为,如果没有阿库修斯的注释书的帮助,文本只能起到不完整的指导作用。多个世纪以来,任何声称源自罗马法的理论都以阿库修斯的注释为基础。因此形成了这样的格言:"注释没有认可的东西,法院也不会认可。"直到二十世纪的最后几十年,经过对阿库修斯之前的著作进行认真的研究之后,才揭示了伊内流斯(Irnerius)和阿库修斯之间的注释法学家所创造的思想的意义。注释的权威性引发了这样一个观念:对某个法律文本作出的权威学术评注本身就是一种真正的法源。这个观念在今天仍然是受罗马法影响的欧洲大陆国家的特点。

第五节 市民法和教会法

教会法很快也成为博洛尼亚大学的研习科目。教会法一开始就面临一个劣势,与市民法相比,它没有一部像优士丁尼的《市民法大全》那样的权威文本。有很多内容各异的非官方汇编,有圣经的摘录、教会公会议的决议、教父的意见、教皇的教令以及罗马法片段。起初,市民法法学家很鄙视这些杂乱无章的汇编,认为不值得将教会法视为一门独立的学科。

这种情况在修道士格拉提安(Gratian)大约在1140年发表其《教会歧见之协调》(Concordantia discordantium canonum)之后发生了急剧的变化。这是一部权威的汇编,旨在协调显而易见的矛盾。与之前的汇编者不同的是,格拉提安为他所选取的文本提供了解释。这部汇编后来被称为《格拉提安教令》(Decretum Gratiani)。它取代了之前的教会法学家的汇编并

第三章 优士丁尼法的复兴

很快被教会法学家视为进行注释法学家式的注释工作的基础。不过,跟市民法不同的是,教会法的文本随着新的教皇教令的颁布而不断增加,这些新的教令必须被收进新的汇编中去。

对于格拉提安的成就,正统市民法法学家的直接反应是消极的。他们继续把教会法视为比市民法低级的学科。在他们的观念当中,格拉提安是在努力去做不可能的事情并且为自身充满矛盾的材料营造出一种虚假的和谐表象。他们认为,只有市民法可以为理解任何法律(包括教会法)提供必要的技术。到了1160年前后,市民法法学家不得不承认教会法是跟市民法平行的学科,两者具有同等的地位,不过他们倾向于让他们的学问与教会法保持分离,即便是在他们讨论的主题同时涉及这两个体系的时候,比如婚姻或者高利贷。

市民法是一个自给自足的体系,不需要从其他体系获得补充。另外,它没有排他性地适用于任何法院,而仅仅是在缺乏当地法的时候才会适用。相比之下,教会法适用于教会法庭审理的教会有管辖权的所有事务(教会管辖权的精确界限是非常有争议的,而且每个国家都不一样)。对于格拉提安而言,教会法是神法,与福音书处于同一个层面。然而,必须承认的是,教会法当中并不包含所有法律问题的答案,而市民法则声称自己包含所有法律问题的答案。《格拉提安教令》里面提到,教义没有确定的事情应当遵从市民法(D. 20 p. c. 6)。这在实践中如何适用是早期教会法学家[他们被称为"教令法学家"(Dekretisten)]激烈争论的一个问题。

通过市民法来填补教会法漏洞的问题和另外两个问题联系在一起:教皇的立法权是否与皇帝的立法权具有同等的权威以及在教会法庭当中进行的诉讼程序的本质。应当适用传统的《忏悔书》中的道德法则预测上帝的审判,还是说它们是公开的诉讼程序,所以必须适用与其他公开法庭类似的诉讼规则?一些教会法学家,比如法国人图尔奈的史蒂芬(Stephan von Tournai),认为只要不与教会法相矛盾,就应当适用市民法。其他的教会法学家则并不愿意对市民法的权威作出如此大的让步。然而,在教会法的形成期,所有的教会法学家都密切关注他们的资深伙伴——市民法注释法学家之间的争论。

十三世纪初,教令法学家有意识地通过与罗马法相比较的方法来阐明教义的准确法律效果,甚至对于教会法的教礼部分也是如此。比如,劳伦提乌斯·希斯帕努斯(Laurentius Hispanus)在其对《格拉提安教令》的《帕拉丁注释》(Glossa Palatina)当中讨论了关于一个异教徒是否可以主持一项有效施洗礼的问题。他引用了《法学阶梯》的一个片段(I. 2. 8. 1),在这个片段当中,非所有权人有时候也可以转移所有权,比如,他在债务没有得到清偿的情况下将债务人交给他的担保物出售。类似地,劳伦提乌斯说,异教徒也可以授予宗教上的惠赐,即便他自己都没有这种惠赐(ad De consecratione. D. 4 c. 23 v. Romanus)。

在1188年至1226年间出现了五部教皇教令汇编。然而,教皇格列高利九世主要以这些汇编为基础,在1234年颁布了一部大型的教皇教令摘录汇编。这部汇编是由西班牙的多明我会修士佩纳福特的雷蒙德(Raymund von Penyafort)编辑的,被称为《外卷》(Liber extra),因为它在《格拉提安教令》之外。它包括1971章,共分为5卷。学生们根据一个记忆口诀来背诵它的材料安排顺序:"法官、诉讼程序、神职人员、婚姻、罪行。"(judex, judicium, clerus, connubia, crimen)这部汇编的目的是和《格拉提安教令》一起构成整个教会的法律。另一部汇编在1298年出现,该汇编由博尼费斯八世(Bonifaz VIII)颁布,被称为《第六卷》(Liber sextus),因为它被视为五卷《外卷》的补充。

早期的汇编都模仿优士丁尼的《学说汇纂》,最后一个标题的内容是一般法律格言。不过优士丁尼的《学说汇纂》最后一个标题下包含202条法律格言,格列高利的《外卷》只包括11条。法律格言或者法律原则的受欢迎程度在十三世纪有所提高,《第六卷》最后一个标题包含88条格言。很多是从《学说汇纂》最后一个标题(D. 50.17)转化过来的,有时候措辞更加精炼。有一些是从《市民法大全》的其他部分摘抄过来的,并且被从原来的背景中抽离出来,获得了更加广泛的意义。

一个非常有名并且在政治争论当中经常会被引用的原则被收录在《第六卷》(Liber sextus. reg. 29)当中:涉及所有人的事情应当经过所有人同意(quod omnes tangit debet ab omnibus approbari)。原本这是一个裁决的一部分,在这个裁决当中,优士丁尼解释说,如果同一个被监护人有几个监护人,他们对被监护人财产的共同管理只有经过所有监护人同意才能终止(C. 5.59.5.2)。在教会法学家看来,把这个格言从私法事务转移到诉讼程序事务,再转移到公法事务,这并不是什么稀奇的事情。其权威来自如下事实:它出现在优士丁尼法律文本的某个地方。

权威教会法文本还增加了一些其他内容,到十四世纪末期,教会也有了被称为《教会法大全》(Corpus iuris

第三章 优士丁尼法的复兴

canonici)的汇编,其规模堪比优士丁尼的《市民法大全》。

如果一个人既学过罗马法又学过教会法,那么可以用"两种法"(utrumque ius)来表达他的这种资历。这个表述也表明了这两种法律之间的关系随着时间的推移越来越紧密。到十三世纪的时候,这两种法律体系已经平起平坐,市民法法学家试图保持两者的清晰范围。市民法所关涉的是地球上的人类的共同福祉,而教会法所关心的是让人远离罪恶并保证其不死的灵魂可以得到拯救。阿库修斯(gl. conferens generi ad Auth. Coll. 1.6, quomodo oportet episcopos)说,教皇不应干涉世俗事务,皇帝也不应该干涉宗教事务。

然而,就像后来的市民法法学家愤然指出的那样,由于负责处理关于灵魂救赎的事务,所以教会把它的管辖权扩展到一切事务。从《外卷》那时起,教会法就涉及优士丁尼法处理的一些事务。它包括刑法的大部分内容,从通奸和伪证到伪造文件和杀人;当一方当事人可能会被罪恶引诱的时候(比如借贷、收取利息、买卖以及实物担保和保证),教会法也会涉及私法。因为结婚是一项圣礼,所以受教会法的规制,因此,所有涉及家庭身份的问题都属于教会法的管辖范围。

早在十二世纪就出现了关于血亲等级计算的问题。在确定结婚的双方是否处于禁止的血亲等级时,这个问题极为重要。教会法的亲等算法是从双方之中离他们最近的共同祖先最远的一方开始计算,只从这一方往上计算到他们最近的共同祖先,而市民法的算法是从一方开始往上计算到他们最近的共同的祖先,然后再往下计算到另一方。因此,相比于市民法,如果采用教会法的算法,会有更多的表亲处于禁止结婚的亲等内,需要教皇特许才能结婚。因此,第四次拉特兰公会议(das Vierte Laterankonzil)把禁止结婚的亲等限制为四等。

注释法学家倾向于忽视这样的差异,但是到十四世纪的时候,这两种法律开始被一并研究,即便是市民法的"评注法学家"(Kommentatoren)也是如此。很多教会法学家是平信徒,同时受过"两种法"教育的人变得很常见。"两种法"这个用语开始被用来指称欧洲共同法的两个方面。而欧洲共同法在很多方面被视为一个单一体系。

第六节 博洛尼亚法学院的魅力

到十二世纪末期,博洛尼亚作为欧洲法律中心(或者"法律之母")的位置是无可争议的,成千上万来自

第三章 优士丁尼法的复兴

欧洲各地的法学生在博洛尼亚的法学院学习。他们根据各自的祖国被分成不同的"民族"(Nationen)。自从西罗马帝国灭亡之后,法律在西部第一次重新成为一门独立的学科,其独特的方法需要多年的艰苦学习才能获得,在学习结束时可以获得一个职业资格。

这些法学生不仅仅去听课,他们还模仿职业律师参加特定主题的辩论。在辩论当中,每一方都要提出自己的辩论并附上相应的支持文本,辩论结束之后,由主持辩论的教师给出问题的解决方案。他们每个人都被要求有一套重要的文本。获得授权的书商被称为"抄本站"(stationarii exempla tenentes),他们有经过认证的抄本。他们把抄本借给学生,以便学生可以制作自己的抄本。当他们的学习期结束的时候,他们自己就有了一套基本资料。这样,学生们可以回到自己的祖国传播他们学到的东西。

虽然博洛尼亚法学院的重点是学术而不是实践,但是涌向那里的学生并非全都是受学习热情的驱使。格列高利的改革引发了许多没有先例的争议。这些争议不能像之前的几个世纪那样单纯通过强力来解决,而是产生了一种对权利合法化的渴望,但是标准的法律汇编,不管是罗马法来源的还是日耳曼法来源的,对管辖权以及类似的基本问题都起不到太大的指导作用。主教和世俗统治者一样都想寻找可以根据客观、理性并且具有普遍权威的原则来解决这些争议的人。只有罗马法文本可以提供这样的原则。这种新的法律学问可以为学生提供一种能力，这种能力使得他们可以赢得服务于主教和统治者的重要职位。开明的主教把他们有前途的年轻牧师送到博洛尼亚，去获取一些关于这种新学问的知识。而希望为其权力寻求正当化根据的统治者和贵族也试图将这种新学问为他们所用。

博洛尼亚大学的建立并不是一个有意为之的行为。它的形成是出于法学生的需要，他们觉得需要把自己组织起来以便保证他们可以获得更好的教育以及被普遍认可的资质证明。十二世纪巴黎和牛津的其他大学是由教师组建并管理的，与之不同的是，博洛尼亚大学成了学生管理型大学的典范，由学生负责聘用教师来教他们。尽管其他学科（比如神学和医学）也在那里被讲授，但是法律（包括市民法和教会法）仍然处于主导地位。

帝国和教会当局都努力去与博洛尼亚法学院保持良好关系，因此在与市政当局的交涉上支持它。学生的大量涌入对市民造成了严重的影响，不过他们也不希望丧失学生给他们带来的经济利益。年轻的皇帝腓

第三章 优士丁尼法的复兴

特烈·巴巴罗萨(Friedrich Barbarossa)在1155年前往罗马加冕的途中在博洛尼亚停留,会见了重要的法学博士,请他们帮忙为他希望制定的一些法律提供正当理由。在获得他们的支持之后,他颁布了《居留谕令》(Constitutio Habita),授予来博洛尼亚学习的法学生特权。他把这些法学生描述为"为学习而来的朝圣者"。腓特烈特别认可了学生社团,允许他们以一种手工业行会的方式进行自我管理。这种特权使得学生可以跟教授进行协商,不过也让学校作为一个整体从博洛尼亚社区获得了某种独立性。

十三世纪初,学生们的力量变得相当强大,他们经常以搬出市镇作为威胁。市政当局试图挽留他们,这次轮到教会为学生的利益出面干涉。1217年,教皇奥诺利乌斯三世(Honorius III)指出,相比于强迫学生留下,对市镇来讲更好的办法是采取一些措施鼓励他们自愿留下。两年以后,这位教皇授予博洛尼亚教会执事长一项权力,他可以授予完成学业的学生在任何地方授课的权利。这样就间接地把这个大学归到了教会之下。

博洛尼亚的成功使得意大利其他地方也开始建立法学院。摩德纳(Modena)在1175年就有了一所法学院。帕多瓦(Padua)的学校始于1222年,其他重要的意大利城市也开始仿效,比如在帕维亚,之前讲授伦巴第法的法学院转型成了讲授市民法和教会法的法学院。1224年,皇帝腓特烈二世(Friedrich II)创建了那不勒斯大学(Universität Neapel)。该校的建立主要是为了罗马市民法的教学,为了保证这所大学取得成功,他命令他的臣民在该校学习而不得去博洛尼亚学习。起初,这项命令只适用于西西里王国的居民,但是在与伦巴第联盟争议的过程中,因为博洛尼亚属于伦巴第联盟,他把禁止去博洛尼亚学习的禁令扩展到其在伦巴第领土上的臣民以及在德国和勃艮第的臣民。这会对博洛尼亚造成灾难性的影响,不过教皇奥诺利乌斯三世(Honorius III)再次介入,并导致该禁令被撤回。

第七节 这门新学问在意大利以外地区的发展

有证据表明,早在十二世纪早期,博洛尼亚的新学问就已经穿越阿尔卑斯山来到法兰西西南部。这个区域——普罗旺斯,在中世纪包括郎格多克(Languedoc)和多菲内(Dauphiné),非常适合接受这样的影响。这个地区的习惯法比其他地区包含更多的罗马元素,这些罗马元素来自西哥特和勃艮第的罗马法汇编。

第三章　优士丁尼法的复兴

1127—1130年，一所位于罗讷河谷的迪耶(Die)教区的、与圣鲁弗斯(St. Rufus)的奥古斯丁修士有关联的法学院已经编写出一本"《法学阶梯》概要"，起名为《优士丁尼在这部著作里》(Iustinianus est in hoc opere)。尽管作者并不知道《市民法大全》的所有部分，但是他引用了《旧学说汇纂》。然而，更加重要的是，他熟悉马丁努斯(Martinus Gosia)的授课内容。马丁努斯那时候还是个年轻人，这个作者肯定是跟着他学习过。

这本"《法学阶梯》概要"是普罗旺斯产生的一系列市民法著作当中最早的一部。这些著作包括《彼得抗辩》(Exceptiones Petri)及其相关汇编，被称为《图宾根和安什伯纳姆法书》(根据抄本存放地点来命名)。与博洛尼亚的著作不同的是，博洛尼亚的著作都是署名的，这些作品的作者大都是匿名的。与博洛尼亚的著作的另一个区别是，普罗旺斯的著作对《市民法大全》材料的选择是比较挑剔的，而且试图把所选材料按照标题进行编排，有时候会按照类似于《法学阶梯》的顺序来编排，而不像博洛尼亚的著作那样采用《法典》和《学说汇纂》的编排方式。这些著作曾经被学者们认为源自意大利，但是来自前博洛尼亚时期。现在它们被认为是受博洛尼亚学派影响的法学家的作品，不过这些法学家会随意地放弃博洛尼亚学派对文本细节的决疑法式的关注。另一种与这个地区有关的法律文献类型是"《法典》概要",早期的例子是《特雷森斯概要》(Summa Trecensis),是由一个叫杰拉德(Gerard)的人编撰的。同一类型的另一部作品是《法典》(Lo codi),是用普罗旺斯的语言写的,打破了用拉丁语写作的常规做法。

这所位于罗讷河谷的学校的声誉传出了普罗旺斯,非常重要的是,英国人尼古拉斯·布雷克斯皮尔(Nicholas Breakspear)——将来的教皇阿德里安四世(Hadrian IV),年轻的时候慕名来这里学习。这所罗纳河谷的学校也吸引了一些具有国际声誉的市民法法学家,比如曾在博洛尼亚学习和任教的注释法学家罗格里乌斯(Rogerius)。他的主要作品是一部未完成的《〈法典〉概要》,这部作品受到《特雷森斯概要》(Summa Trecensis)和《法典》(Lo codi)的影响。他也可能是一部对话录《〈法典〉争议问题的解决》(Enodationes quaestionum super Codice)的作者,在这篇对话录当中,作者和人格化的"法学"(Jurisprudentia)以一种生动有趣、富有想象力的方式讨论法的本质及其解释。罗格里乌斯未完成的《〈法典〉概要》被注释法学家普拉森提努斯(Placentinus)完成了。普拉森提努斯是一个心

第三章 优士丁尼法的复兴

直口快而且有点傲慢的人,在1160年前后被迫离开博洛尼亚。他把市民法教学从普罗旺斯向西移到蒙彼利埃(Montpellier),在那建了一所学校。普拉森提努斯在那里的教学非常成功,并撰写了自己的《〈法典〉概要》和《〈法学阶梯〉概要》。他于1192年去世,之后蒙彼利埃的市民法教学便停止了,不过在二十五年之后又恢复了。

与此同时,罗马法继续扩展。在这个世纪末,罗马法来到了加泰罗尼亚(Catalonia)。后来成了红衣主教的卡多纳的彼得吕斯(Petrus de Cadorna)是我们知道的第一个受过纯粹市民法教育的加泰罗尼亚人。他能把《法典》当中的两个希腊文谕令(C. 3.10.1 和 C. 3.10.2)翻译成拉丁文。兰斯(Reims)在十二世纪六十年代就有《法学阶梯》的注释工具书了,可能是艾伯利库斯(Albericus)写的,他是一位不那么重要的博洛尼亚注释法学家。图卢兹(Toulouse)和奥尔良(Orléans)的学校里也讲授市民法。市民法在巴黎非常受欢迎,以至于很多人抱怨神学因为一门纯粹世俗的学问而被忽视。1219年,教皇奥诺利乌斯三世(Honorius III)在"教令公告"(Super speculam)当中禁止在巴黎讲授市民法,仅允许继续在那里讲授教会法。

在英格兰,这种新法律学问的讲授是和伦巴第人瓦卡利乌斯(Vacarius)联系在一起的。在1140年前后,大主教坎特伯雷的狄奥巴尔德(Theobald von Canterbury)特意把他从博洛尼亚召去帮助处理"前所未闻"的争议(unerhörten Streitigkeiten),尤其是涉及教皇使节的争议。瓦卡利乌斯可能在坎特伯雷的主教座堂学校进行了非正式的教学,但是他的正式教学不像直到最近学者们还认为的那样大约于1150年在伦敦进行,而是在1170年前后,在比伦敦更北的地方。在到达英格兰之后,他接受了任命然后在某个时候搬到北边的约克郡(York),在那里担任约克大主教的法律顾问。他的个人教学活动可能是在林肯(Lincoln)的主教座堂学校进行的。

为了帮助那些买不起市民法全部文本的学生,瓦卡利乌斯编了一部重要文本汇编,内容来自《学说汇纂》和《法典》,包括《三卷本》(Tres libri)(《法典》的最后三卷)。这部汇编模仿中世纪的《法典》分成九卷,被称为《穷人之书》(Liber pauperum)。在1190年前后,这部书在牛津被用作教科书。在牛津,市民法和教会法都会被讲授。这些被称为"穷人"(pauperistae)的学生以自大闻名,他们的市民法知识实际上有些肤浅。不过,瓦卡利乌斯也有比较认真的学生,他们与博洛尼亚的发展保持着联系,并形成一个学派,我们可以

第三章 优士丁尼法的复兴

从《穷人之书》抄本的注释中得知他们的观点。

博洛尼亚的市民法法学家一般都是平信徒,不过在意大利之外的地方学习市民法的人大多都是神职人员,他们首要关注的是教会法庭的审判管理。然而,这并不意味着他们只是学些浅显的市民法,因为他们认为,如果不认真地学习罗马法,就无法正确理解法律的本质和法律程序的功能。

随着越来越多的大学被建立,一般认为,在一所大学里学习法律不是要学习当地习惯法,而是要学习市民法和教会法。只有这两种法才具有大学里的学科应当具有的普遍特征。实际上,没有哪一所欧洲的大学提供地方法的教育,直到十七世纪。因此,在每一个欧洲国家里,受过大学教育的法律人必然是一个受过罗马法训练的法律人。这些法律人分享一种共同的法律文化,他们以同样的文本为基础,并以同样的语言——拉丁语对文本进行解释。

当时的人们需要注释法学家澄清如下问题:合理的法律实现程序应当具备哪些基本要素?立法权的本质为何?地方法和帝国法之间是什么关系?尽管《市民法大全》当中有一些零星的文本涉及这些问题,但是没有一个问题在其中得到清晰的处理。然而十二世纪的政治现实要求市民法法学家对这些问题给予特别的关注。

第八节　市民法的应用:诉讼程序

市民法法学家和教会法学家都认识到从可利用的文本发展出一套合理的诉讼程序的重要性,他们共同发展了一套这样的诉讼程序。教会法学家需要一套诉讼程序适用于他们的法院,但是只有市民法才能为他们提供可以依赖的权威。然而罗马人本身并没有把程序法和实体法区分开来,相关的文本分散在整部《市民法大全》当中。但这些困难必须被克服,因为在十二世纪,人们对以各种不同的神判形式为基础的传统证明方法越来越不满,因此迫切需要一套通用的诉讼程序。

伊内流斯(Irnerius)之后的那一代注释法学家迈出了解决该问题的第一步。四博士之一的布尔加鲁斯(Bulgarus)写了一本名为《法律摘要》(Excerpta legum)的著作,其目的是向其朋友艾美利库斯(Cardinal Aimericus,1123—1141年担任教会法律代表)解释"法的奥秘"(archana iuris)。他从法律诉讼的基本要素说起,即参与者、诉讼请求和抗辩、证据、判决和上诉。先前的一些作者提出,除了当事人和法官之外,诉讼代理人和证人也应该被视为参与者。但是,布尔加鲁斯说,一个法律诉讼的实质是一项三个人的程序,原告提出诉讼请求,被告对其进行否认,而法官处于中间,负责查明一切相关事宜。布尔加鲁斯解释说,通常而言,民事诉讼的证明责任由原告承担。他也讨论了在某些缺乏证据的案件当中,证明责任的问题如何通过宣誓来解决。

布尔加鲁斯的学生约翰内斯·巴西亚努斯(Johanes Bassianus)推动了一种新的法律文献类型——"审判程序"(ordo iudiciorum),这种文献旨在阐明什么是民事诉讼,它如何开始和结束,如何可以避免。巴西亚努斯提供了起草"诉状"(libellus)的实践范例。后来的作者则探寻这种程序背后的原则,比如,法官应当根据当事人的"陈述"(allegationes),而不是根据他们自己的个人确信,对案件作出判决。

从罗马法文本中发展出一套合理的诉讼程序,不仅仅是一项学术性的工作。对法律感兴趣的教皇,比如亚历山大三世(Alexander III),要求神职人员在对涉及教会机构的争议案件作出裁决时遵循"审判程序"(ordo iudiciorum)的规则,以此作为保障诉讼当事人利益的唯一手段。十二世纪末,这种"程序类著作"(ordines)大量出现,尤其是在盎格鲁-诺曼王国。起初,它们完全以罗马法素材为基础,主要是从优士丁尼的《法典》当中挑选出来的。它们通常会涉及对被告的传唤、为当事人到庭提供担保、当事人的代理人、宣誓、提出过分请求的后果、抗辩、证人、和解、法官和仲裁员的区分、判决和上诉。十二世纪即将结束之时,随着越来越多的教皇教令的颁布,教会法学者获得了更大的权威,这些"程序类著作"对市民法的依赖有所减少。这些著作是同时为两种体系的从业者编写的,因此其诉讼程序被恰当地称为"罗马-教会法诉讼程序"。

这些"程序类著作"的巅峰之作是杜兰都斯(Guglielmus Durandus)于 1271 年出版的的《审判之镜》(Speculum judiciale)。杜兰都斯是普罗旺斯人,曾在博洛尼亚学习教会法,后来成为教皇法院的"法官"(auditor),负责处理从整个基督世界上诉至罗马的案件。最后他担任其家乡普罗旺斯的主教。《审判之镜》(Speculum judiciale)在很大程度上以之前的著作为基础,不过杜兰都斯把它们编成了一种更加容易使用的形式。该书分为四卷,内容包括法律诉讼所涉及的人、民事诉讼程序、刑事诉讼程序以及诉讼文书的范本,其中最后一部分也包括契据文书的范本。这部著作使其作者获得了持久的声誉,他经常被称为"观察者"(Speculator)。

第三章 优士丁尼法的复兴

在实践中,这种罗马-教会法诉讼程序,从根本上来说源自晚期罗马的官方诉讼程序,是在教会法庭以及由神职人员进行的仲裁当中发展起来的。到十三世纪,它已经发展到可以被适用于世俗法庭的程度。巴黎高等法院(Parlement de Paris)采用了它的一个版本,然后被其他法兰西法院当作典范。它是一种完全由职业法律人掌控的诉讼程序,由法官亲自调查双方当事人无法证明的事实。为了保证进行法庭调查的法官可以有效地对所有重要问题进行提问,当事人在提交其主张和抗辩时,应一并向法官建议相关的提问。所收集的证据全部以书面方式记录。最终会形成一个完全书面的程序,因为这个程序变得越来越有技术性,所以需要由职业的诉讼代理人来进行。如果他们在大学里受过训练,他们自然会引用他们曾经学过的市民法,只要这样做有利于他们的主张。因此,对这种罗马-教会法诉讼程序的采用是继受市民法的第一步。

第九节 市民法的应用:立法权

《学说汇纂》和《法典》都宣称皇帝具有绝对的立法权。"皇帝决定的事具有法律的效力",D. 1. 4. 1 是这样说的。乌尔比安这句话原先的背景可能是,在某个法律纠纷中有不同的法律观点被提出来的时候,皇帝有进行决断的权力。然而,在《学说汇纂》当中,它就像是皇帝享有绝对权力的一种强烈声明。另一个文本提到皇帝"不受法律的约束"(D. 1. 3. 1),也就是说,皇帝显然是在法律之上的。在 D. 1. 14. 1 当中,乌尔比安解释了皇帝享有立法权的原因:在每一位皇帝上任之初,罗马人民都会正式地把"为国家利益做任何必要之事"的权力授予他[通过所谓的"关于治权的法律"(Lex de Imperio)或者(Lex Regia)]。

另外,尤里安关于习惯的文本 D. 1. 3. 32(这个文本我们在第二章第十节已经提到过)断言,无论是成文法立法还是习惯法,其权威均源自人民的同意。皇帝在某种意义上是人民的代表,这种观念可以从 C. 1. 14. 4(Digna vox)当中获得支持,这是狄奥多西二世于公元 429 年颁布的谕令。该谕令规定,皇帝应当宣布自己受法律的约束,因为他自己的权威依赖于法律,皇帝权威的一个标志是要服从法律。

据说,在十二世纪中叶,皇帝腓特烈·巴巴罗萨和他的儿子亨利六世均曾就其权力咨询过当时的主流市民法法学家。腓特烈问布尔加鲁斯(Bulgarus)和马丁努斯(Martinus Gosia),根据法律他是否是世界的主人(dominus mundi)。布尔加鲁斯回答说,对于私人财产

第三章 优士丁尼法的复兴

他并不是主人;而马丁努斯则说,他实际上是世界的主人。马丁努斯因为提供了这个意见从腓特烈那里得到一匹马作为赏金,而布尔加鲁斯什么也没有得到。亨利六世也提出了类似的问题,他问两名博洛尼亚博士,洛塔尔(Lothair)和阿佐(Azo),最高权威——"治权"(imperium)属于谁?它由皇帝单独享有,还是其他执法官也享有?洛塔尔给出了皇帝想要的答案:皇帝作为统治者单独享有治权。不过阿佐却争辩说,根据《市民法大全》的文本,治权的一种功能是"管辖权"(iurisdictio),即"确定何事为合法之权力",最完整的管辖权属于皇帝单独享有,但是任何一个城市的执法官都享有管辖权,所以有权确定法律。因此,他的结论是,其他官员也享有治权。

当阿佐考察高级执法官的管辖权的来源时,他认为它源于作为一个"整体"(universitas)的整个共同体的同意。如果皇帝的权力因为《王权法》(lex Regia)而来自人民,那么人民的同意必然是所有合法权威之来源。早期的注释法学家同意这点,但是也认为,一旦人民把立法权转移给皇帝,他们就不能撤回它。而阿佐区分作为一群个体的人民和作为共同体的人民。作为一群个体的人民被《王权法》排除了立法权,但是作为一个"整体"(universitas)的人民仍然保留立法权。阿佐的结论对政治理论具有重大的意义:皇帝的权力比任何一个个人都大,但是不比作为一个整体的人民大。通过这种方法,阿佐可以为意大利城邦国家在事实上独立于皇帝提供正当理由。他也可以提出这样一个原则,国王在他的王国里享有跟皇帝一样的权力。

因此,优士丁尼的文本可以为关于立法权来源的不同观点提供支持。一种观点认为皇帝的权力不受法律约束,另一种观点(C.1.14.4)则认为皇帝的权力应受限制。为了调和这两种观念之间的矛盾,人们付出了巨大的努力。统治者的顾问们越来越多地倾向于那些强调统治者为了公共利益享有无限制的统治权和立法权的文本。因此,市民法被置于封建观念的对立面。封建观念认为,王侯和其封臣之间的关系就像是一种交易,在这种交易当中,统治者的权利通过其义务来平衡。这种封建王权观念似乎仍存续于十三世纪布莱克顿(Bracton)的陈述当中,他认为,在英格兰,国王处于上帝和法律之下,因为国王由法律产生。

第十节 市民法与习惯

我们已经指出,那些主要关注对教会法庭至关重要的教会法的人通常会学习一些市民法知识作为预

第三章　优士丁尼法的复兴

备。市民法逐渐被视为一种普遍适用的法。在神圣罗马帝国的边界内,对罗马法的援用很容易得到解释,因为它是帝国法,然而,进一步发展的趋势是,对罗马法的援用不是因为它的形式权威性,更多是因为它在技术上和实质上相对于任何可能想象到的法律体系的优越性。然而,与教会法不同的是,没有哪个法庭仅仅适用罗马法。教会法庭对于婚姻和个人身份事务适用教会法。封建领主的法庭对于土地拥有的问题适用封建法。传统的社区法庭对于不法行为的赔偿案件适用当地习惯法。对于所有这些情况,市民法所提供的是一个概念框架,一套解释原理。这套解释原理构成了某种普遍适用的法律文法,不管什么时候有需要都可以求助于它。封建法庭或者当地法庭会优先适用他们自己的法律,但是如果他们自己的法律不能为当前问题提供一个令人满意的解决方案,那么他们就会越来越多地求助于市民法。因此,当人们对习惯法的强制力有争议时,罗马法的诉讼就会被用来支持那些基于习惯法的诉讼请求。

甚至封建法也可以适应市民法的广阔框架。十二世纪上半叶,伦巴第的学者们制作了一部封建习惯汇编——《封地法书》(Libri feudorum)。米兰法官奥博图斯(Obertus)为这部汇编写了一篇导论。很快,

《封地法书》作为关于领主与封臣关系的规则汇编获得了普遍认可,被认为非常便于使用。到十二世纪末,市民法学者毫不犹豫地把《封地法书》收到"小册"(volumen parvum)里面去,这一册也就是《市民法大全》的第五册。这一册包括《法学阶梯》《三卷本》以及被分为九个汇编的《真本》。《封地法书》被作为第十个汇编加入。市民法学者这么做的原因很可能是,他们不希望这部为了解决封建法上的争议而作的有益著作落入他们的对手教会法学家的手里。

不过,他们仍然需要使封建法律关系的现实与罗马财产法相协调。根据罗马财产法,"所有权"(dominium)是不可分的。他们注意到封建封臣和罗马"永佃权人"(emphyteuta)之间有某种相似性。因为永佃权人享有一种特别的所有权诉讼,被称为"扩用的返还诉讼"(vindicatio utilis),而所有权人享有的是"直接返还诉讼"(vindicatio directa),因此他们推断说,这两种诉讼对应两种不同的所有权类型:封建封臣享有"扩用所有权"(dominium utile),而领主享有"直接所有权"(dominium directum)。

关于与《市民法大全》当中的帝国法有矛盾的地方习惯法是否有效力,对于所有中世纪法学家来讲都是一个重要的问题。尽管优士丁尼保证《市民法大

第三章　优士丁尼法的复兴

全》当中不存在矛盾,但是各文本之间还是存在有冲突的地方。一方面,《学说汇纂》当中尤里安的一个文本(D. 1. 3. 32)认为无论习惯法还是成文法都是基于人民的同意而产生的,因此习惯法可以废除先前的法律。另一方面,在《法典》的一个文本(C. 8. 52. 2)当中记载了君士坦丁的一项规定:当与理性或者成文法相矛盾之时,习惯法便丧失效力。

注释法学家们对此问题展开了激烈的争论。伊内流斯(Irnerius)认为,尤里安的文本涉及的是之前的时代,那时人民仍然享有制定法律的权利,因此可以通过默示的同意废除立法。然而,在尤里安自己的那个时代,这种权力已经转移给皇帝,人民不能再通过他们的实践来影响帝国法的效力。伊内流斯的学生,布尔加鲁斯(Bulgarus)区分一般习惯法和地方习惯法,认为前者总是优先于之前的法律,不管是习惯法还是成文法;后者废除之前的法律的前提条件是,人民在引入这项习惯时必须明确知道先前的法律存在,并且它只能在当地的范围内有效。布尔加鲁斯的对手——马丁努斯(Martinus)不同意这样的说法。他认为,习惯法只能影响先前的习惯法,而不能影响到《市民法大全》当中包含的成文法。布尔加鲁斯在博洛尼亚的后继者——约翰内斯·巴西亚努斯(Johanes Bassianus)比他的老师走得更远:当引入一项习惯法的时候,人民知道他们在做什么,因此,一项习惯只要是以理性为基础的(就像上述《法典》文本所要求的那样),就是有效的,不管人民是否知晓先前的法律;无论是成文法还是习惯法,其权威均来自人民的意志;法律不会因为它是成文的就获得更多权威。

阿库修斯的注释书收录了布尔加鲁斯和马丁努斯的观点,不过他没有说他到底支持哪一方。在法兰西南部,马丁努斯的影响很大,一般认为帝国法肯定优先于习惯法。相反,在英格兰,学说上强烈倾向于相反的方向。因此,法学家的主流观点是由各自地区的情况决定的。

十二世纪下半叶,国王亨利二世为整个英格兰设立了一个中央政府。王室法院的设立也是其中的一个部分,王室法院可以审理该国任何一个地方以及所有民众(包括诺曼人和盎格鲁-撒克逊人)之间发生的案件。此时采用罗马-教会法诉讼程序还为时尚早,因为它仍处于初级阶段。每一个诉讼都是由国王秘书处在原告的请求下签发令状启动的。令状命令国王在各地的代理人将令状上载明的被告带至王室法官面前答复原告的诉讼请求。令状载明了那些一旦得到证明就可以判决原告胜诉的情形。王室法官会严格地判断,双

第三章 优士丁尼法的复兴

方当事人所主张的事实是否符合令状的内容,如果符合,就会把案件交给由当地十二个人组成的非职业陪审团来审理。陪审团公开听证并作出裁决。每一个法律诉讼都由一个令状来启动,令状由一个国家官员提供,因此他能够控制可以提交王室法院审理的案件类型,每一个法律诉讼都以非职业陪审团对事实作出裁决为终结,因此,普通法法院的诉讼程序让人想起古典罗马法的程式诉讼。虽然没有直接的影响,但是其相似性是非常显著的。

据说,王室法官对各种令状的效果所作出的裁决是基于习惯法作出的。然而,与源自现实的实践并适用于地方法院的地方习惯法不同,普通法法院的习惯法主要是由法官自己确立的,只能在法院的记录当中寻找。对瓦卡利乌斯的《穷人之书》(Liber pauperum)当中的习惯法所作的注释比任何欧洲大陆的注释都更加支持习惯法的效力,因此为王室法院所发展起来的新的具有普通法效力的习惯法提供了理论基础。

习惯法影响到法律实践的各个方面,甚至教会法也不例外。尽管教皇的教令通常蕴含着它们应当在各个教会中得到一贯适用的意思,但是在实践中它们在不同的教区经常被当地习惯修改。这种做法可以在罗马市民法的理论当中得到正当化,这对于所有法学家来讲都是非常重要的。

第十一节　十三世纪的市民法和当地法

十三世纪,一些欧洲国家尝试把当地法成文化。为了获得有条理的分类和原则,负责这项工作的人都求助于市民法。英格兰普通法被写进一部关于英格兰法律和习惯的拉丁文著作当中,该著作被称为《布莱克顿》(Bracton),这是其作者的名字。其核心部分写于1230年前后,后来被修订过。尽管该书以皇室法院的记录为基础,但它也采用了罗马市民法的很多概念(有时候也进行了调整),这种概念源自阿佐的《〈法典〉概要》(Summa Codicis)。《布莱克顿》的作者明白,如果要以一种具有一贯性的方式来安排皇室法院的法律,那么就需要一个一般概念框架,这种框架只有在罗马法当中有清楚的表达。该书的很多段落仿效了《学说汇纂》和《法典》的语言,当然,没有正式引用罗马法文本,只是使用了罗马法文本的用语,作者把罗马法文本的用语融合到了他的表述中去。这表明作者把罗马法当作法学家思维方式的一部分。他的著作为早期的普通法提供了最基本的理论框架,使其能够以一

第三章 优士丁尼法的复兴

种逻辑连贯的方式生长。

当国王们想要立法时,便会求助于市民法法学家。爱德华一世(1272—1307年的英格兰国王,法兰西大片领土的领主)对政府和法律的问题非常感兴趣,他制定了大量法律,因此(夸张地)获得了"英格兰的优士丁尼"的称号。为了这些立法工作,他特意招募了弗兰西斯·阿库修斯(Francis Accursius)为他工作。这个阿库修斯是伟大的注释法学家阿库修斯的儿子,他自己也是一个有名的市民法法学家。

在布莱克顿汇编英格兰法的同时,皇帝腓特烈二世于1231年为其西西里王国颁布了一部法律汇编,被称为《奥古斯都法书》(Liber Augustalis)或者《梅尔菲谕令》(Constitutionen von Melfi)。在实质性内容上,这些法律的罗马法痕迹不是很明显,不过罗马法文本被用来支持皇帝的立法权和王室法院所采用的诉讼程序。此外,所蕴含的观念似乎是:如果没有罗马法的外衣,那么王国的法律,即便由皇帝颁布也不能获得完全的权威。罗马市民法逐渐渗透进了全部法律文化里。它提供了基础概念、法律推理的方法以及论辩形式,不掌握这些知识就不能声称自己是法学家。

《澄明谕令》(Constitutio puritatem)确定了腓特烈二世的法官在面对多重法律时所承担的义务。他们首先必须适用皇帝的立法。如果在皇帝的立法当中没有找到相关的规则,则可以适用当地的习惯,只要这些习惯是良好的。如果立法或者被认可的习惯法当中没有相应的规则,法官应当求助于"共同法"(ius commune)。共同法被解释为伦巴第法和罗马法。伦巴第法是唯一被学者(在帕维亚)进行解释的日耳曼法。然而,从此以后除了市民法和教会法之外,法学院不再教授任何其他法律。甚至腓特烈二世的皇帝谕令都不能在那不勒斯的法学院的课程表当中占有一席之地,虽然这所法学院是他创建的。

在西班牙,阿拉伯人的统治对法律状况影响很大。《审判法书》(Liber iudiciorum)是公元七世纪的一部法律汇编,是以之前的西哥特法和罗马法汇编为基础编纂的,原先适用于西哥特人及其臣民,但是后来变成了地区性的法律,为该地区的不同的习惯法提供了某种稳定的基础。阿拉伯人的占领早在公元八世纪就开始了,到公元十世纪末的时候,阿拉伯人的占领范围已经涵括整个半岛,北部边远地区和加泰罗尼亚(Catalonia)除外。"反征服运动"(Reconquista)发生在公元十一和十二世纪,到1200年的时候北部占该国三分之二的土地已不再处于阿拉伯人的统治之下。然而,该国并没有统一,因为不同的部分在脱离阿拉伯人统治时

第三章　优士丁尼法的复兴

变成了独立的王国,每一个独立王国都有它自己的一套习惯,这些习惯被记录在大量的成文"当地法"(fueros)当中。

最重要的王国是卡斯蒂利亚(Castile)和莱昂(Leon)。西班牙最早的大学是在十三世纪的第一个十年在帕伦西亚(Palencia)建立的,1239年搬到了萨拉曼卡(Salamanca)。萨拉曼卡成了讲授市民法和教会法的一个中心。在十三世纪中叶,两个能力非凡的国王——费迪南德三世(Ferdinand III)和阿方索十世(Alfonso X)已经可以利用这门新的学问去解决他们的统治范围内法律多样性的问题。以西西里的腓特烈二世为榜样,他们试图引入一种现代的法律体系作为一种实现法律统一的力量,并且把卡斯蒂利亚带入欧洲法律思想的主流中去。

费迪南德三世发起了编纂一系列法典的野心计划,最后的成果是由被称为"智者"的阿方索十世公布的《七部法典》(Siete Partidas)。七分法洋溢着宗教的意味,可能是模仿优士丁尼为了教育的目的对《学说汇纂》所采用的七分法(Constitutio Tanta, 1—8)。阿方索十世通过他的老师认识到罗马法的优点。他的老师曾在博洛尼亚学习,并亲自领导编纂团队。他们的编纂成果是一个大杂烩,包含卡斯蒂利亚和莱昂的传统习惯、市民法和教会法、来自《旧约》和《新约》以及教父著作的规则。尽管偏好罗马法,阿方索十世还是必须使其可以为其臣民所接受。

《七部法典》所使用的语言是本国语言而不是拉丁语,涉及的领域非常广泛,包括法律和习惯法的一般概念、诉讼程序、所有权、婚姻和婚姻财产、合同、死因继承以及刑法。罗马法和教会法的影响在各个部分都很明显。阿方索十世没有强大到把这部立法推行于他的整个王国的程度。贵族(阿方索十世曾试图削减他们的特权)和各城市起初认为其内容太过陌生。不过,它的优点慢慢就被认识到了,法官受到的训练越专业,他们就越倾向于求助《七部法典》。

对当地法的记录无论是通过立法进行还是留给私人进行,对市民法的利用都是一样的。来自法国的一个著名例子是一部大约在1280年写成的关于博韦地区(Beauvais)习惯的著作,作者是博马努瓦(Philippe de Beaumanoir),是博韦克莱蒙(Clermont)伯爵法院的法官(bailli)。他写作的语言是法语而不是拉丁语,该书忠实地记录了他所在法院实际适用的习惯法。然而,他显然受过良好的市民法训练,像布莱克顿那样,他把罗马法运用于非罗马的制度,以使其获得更大的权威。比如,当法兰西国王进行远征时,他引用"皇帝

第三章　优士丁尼法的复兴

决定的事情具有法律的效力"这句格言来说明法兰西国王有权对加入其军队的骑士给予延缓债务的优待。这部著作中有一部分是关于弃权条款的。这种条款通常被加入到契据里面,一方当事人声明放弃因某项规则而享有的权利(通常是抗辩权)。一些这样的条款显然来自罗马法,很有可能是从诉讼文书范本上抄下来的,比如卖方因所得价款少于标的物价值一半而获得的抗辩(laesio enormis)。关于诉讼程序的部分体现了罗马-教会法诉讼程序著作的影响,关于合同的部分(当地习惯法在这方面不够发达)大量吸取了罗马法源。

十三世纪,罗马市民法与教会法和神学一起,成了基督教共同文化的一部分,在世俗和教会当局任职的人都具备这样的知识。这样,罗马市民法更容易被传播到莱茵河以东从来不曾属于古罗马帝国范围内的地区。比如,安德斯·苏内森(Anders Sunesen)是一个出身贵族家庭的丹麦人,他被送往法兰西、意大利和英格兰学习神学和法律。回到丹麦之后,他成为国王的总理大臣、罗斯基勒(Roskilde)主教座堂的教士长(Probst),并且从1201至1224年担任隆德(Lund)的大主教。他用拉丁文写了两本著作,旨在将这门新学问的基本原理介绍给其他有文化的国人。其中一本是

《创世论》(Hexaemeron),以诗歌的形式写作了巴黎神学家解释的基督教原理。另一本是拉丁文版的斯堪尼亚(Scania,当时是丹麦的一部分)的法律,在这本书当中他使用了罗马法术语,从而把习惯法放进了罗马法的背景当中。苏内森的著作表明文化欧洲化的步伐正在加快前进。

尽管当地法具有事实上的效力,但罗马市民法提供了一个广为接受的思维形式,这种思维形式构成了整个欧洲政治和法律观念的基础。作为基督化后的欧洲的共同文化的一部分,它非常自然地出现在伟大的哲学和文学作品当中。圣·托马斯·阿奎那的《神学大全》(Summa Theologica)和但丁的《神曲》(Divina Commedia)就是现成的示例。阿奎那用亚里士多德的理论作为其哲学原理,后者对他来讲仅仅是"哲学家"。对于人类特定行为的示例以及一些定义,他是从罗马法当中获得的,尤其是乌尔比安的文本,后者对他来讲是"法学家"。阿奎那关于正义的定义"分配给每个人其应得之物的永恒的意志",就是来自乌尔比安(D. 1. 1. 10 pr.)。

但丁把优士丁尼视为圣人,后者在他的著作当中具有显著的地位,在《天堂篇》(Paradiso)第六、七卷和他的政治著作当中都有提到,他还认为《市民法大全》

等同于理性本身。但丁的很多段落还有阿奎那的很多段落,表明了《市民法大全》当中的很多内容成了一般高等教育的一部分,非法律人士也会学习。

第十二节 奥尔良学派

在阿库修斯的注释书出版之后,博洛尼亚的市民法研究尽管仍然热度不减,但是已经丧失了一些新颖性和激情。十三世纪下半叶,优士丁尼文本研究的中心转移到了奥尔良,因为教皇禁止在巴黎学习市民法,所以在奥尔良的市民法研究迎来了兴盛期。在奥尔良最早讲授市民法的是意大利学者,时间是 1240 年前后。其中最有名的是库米斯的圭多(Guido de Cumis),他在博洛尼亚接受阿库修斯的考试时,敢于质疑阿库修斯的一个注释的正确性,之后他很快就认为离开博洛尼亚去法兰西是明智的。

两位法学老师塑造了奥尔良学派的特点,他们是拉瓦尼斯的雅科布斯(Jacobus de Ravanis, Jacques de Revigny)和贝拉帕尔提卡的彼得吕斯(Petrus de Bellapertica, Pierre de Belleperche),他们的法律知识都是在奥尔良学到的。对于市民法教学,他们没有引入任何特别的新事物,而只是发展了某些在博洛尼亚已经可以观察到的趋势,尤其是辩证推理的使用。他们不去精细地引用文本,而是采用一种较为自由的方法,他们依赖于逻辑论证并且经常通过类推把一个文本当中的"理性"(ratio)扩展到超出博洛尼亚学者忍受限度的范围。对特定事实状况(可能是假定的)所引起的问题进行讨论(Quaestiones de facto),在授课中占有非常重要的位置,其中的一些还涉及当地习惯法的效力。雅科布斯和彼得吕斯都是神职人员,他们的职业生涯都以主教这一职位告终。然而,他们把市民法视为与教会法非常不一样的东西。他们的学生基本都是神职人员,他们使得奥尔良在很短的一段时间里成了北方的博洛尼亚。

奥尔良的大师们详细解释了《市民法大全》的所有部分,由于他们一丝不苟地遵从文本原来的顺序,所以他们并没有尝试去体系性地整理素材。把他们的学问传回意大利的是来自皮斯托亚(Pistoia)的奇努斯(Cinus)。他是一个贵族、诗人,是但丁的朋友,他的职业生涯分为公共服务和教学两个部分。他的主要作品是一部非常详尽的对《法典》的评注,这本评注表明了他受到雅科布斯的影响。他把后者的方法介绍到了意大利,尤其是介绍给了他伟大的学生——巴托鲁斯

(Bartolus)。

参 考 文 献

关于中世纪法和近代早期法的标准参考文献如下:F. Wieacker, trans. T. Weir, *A History of Private Law in Europe*, Oxford 1995; M. Bellomo, *The Common Legal Past of Europe, 1000—1800*, trans. L. Cochrane, Washington, D. C. 1995; O. F. Robinson, T. D. Fergus and W. M. Gordon, *An Introduction to European Legal History*, 2nd edn, London 1994; P. Vinogradoff, *Roman Law in Medieval Europe*, 2nd edn, Oxford 1929; *The Roman Law Tradition*（关于若干主题的论文集）, ed. A. D. E. Lewis and D. J. Ibbetson, Cambridge 1994; the various fascicules of *Ius Romanum Medii Aevi*, Milan from 1961; J. A. C. Smith, *Medieval Law Teachers and Writers, Civilist and Canonist*, Ottawa 1975; F. Calasso, *Medio Evo del Diritto*, I, Milan 1954; H. Coing, *Handbuch der Quellen und Literatur der neueren europäischen Privatrechtsgeschichte*, Munich 1973; A. Padoa-Schioppa, *Il Diritto nella Storia d'Europa, Il medioevo*, I, Padua 1995。

3.1. J. F. Winkler, "Roman law in Anglo-Saxon England," *Journal of Legal History*, 13 (1992), 101.

3.2. 关于格列高利改革和法律发展,参见 H. Berman, *Law and Revolution: The Formation of the Western Legal Tradition*, Cambridge, Mass. 1983。

3.3. 关于帕维亚,参见 Radding, *The Origins of Medieval*

Jurisprudence, Pavia and Bologna 850—1150, New Haven 1988, 以及该书的书评 A. Gouron, *TvR*, 57 (1989), 178。

3.4. S. Kuttner, "The Revival of Jurisprudence," in *Renaissance and Renewal in the Twelfth Century*, ed. R. L. Benson and G. Constable, Oxford 1982, 301; P. Stein, Introduction to *The Teaching of Roman Law in England around 1200*, Selden Soc. supp. ser. 8, 1990; E. Cortese, *Il rinascimento giuridico medievale*, Rome 1992; W. P. Müller, "The Recovery of Justinian's Digest in the Middle Ages," *Bulletin of Medieval Canon Law*, NS 20 (1990), 1. 关于佩波, 参见 L. Schmugge, "Codicis Justiniani et Institutionum baiulus," *Ius Commune* 6 (1977), 1; B. Paradisi, "Il giudizio di Martiri: alle origini del pensiero giuridico bolognese," *Rendiconti della Classe di Scienze Morali, Accademia dei Lincei*, series IX, vol. V (1994)。关于巴西亚努斯的教学, 参见 P. Weimar, "Die legistische Literatur und die Methode des Rechtsunterrichts der Glossatorenzeit," *Ius Commune* 2 (1969), 47. P. Weimar, "Argumenta Brocardica," *Studia Gratiana* 14 (Collectanea S. Kuttner IV), Bologna 1967, 89。

3.5. J. Brundage, *Medieval Canon Law*, London 1995; Gratian, *The Treatise on Laws* (Decretum DD. 1—20), trans. A. Thompson, with the Ordinary Gloss, trans. J. Gordley, Washington, D.C. 1993; R. H. Helmholz, *The Spirit of Classical Canon Law*, Athens, Ga. 1996; 关于劳伦提乌斯·希斯帕努斯, 参见 E. F. Vodola, "Fides and Culpa: the Use of Roman Law in Ecclesiastical ideology," *Authority and Power: Stud-*

ies for W. Ullmann, ed. B. Tierney and P. Linehan, Cambridge 1980, 83。

3.6. A Garcia y Garcia, "The Faculties of Law," in *A History of the University in Europe*, vol. I, ed. H. De Ridder-Symoens, Cambridge 1992, ch. 12; M. Bellomo, *Saggio sull' Universita nell'eta del diritto comune*, Catania 1979.

3.7. A. Gouron, *La science du droit dans le midi de la France au Moyen Age*, London 1984; P. Stein, "The Vacarian School," *Journal of Legal History*, 13 (1992), 23.

3.8. L. Fowler-Magerl, *Ordo iudiciorum vel ordo iudiciarius*, Ius Commune Sonderhefte 19, Frankfurt 1984; J. P. Dawson, *A History of Lay Judges*, Cambridge, Mass. 1960, ch. 2; R. C. van Caenegem, "Procedure (History)," *International Encyclopedia of Comparative Law*, XVI, 2.

3.9. K. Pennnington, *The Prince and the Law, 1200—1600*, Berkeley, Calif. 1993; M. P. Gilmore, *Argument from Roman Law in Political Thought, 1200—1600*, Cambridge, Mass. 1941; *Cambridge History of Medieval Political Thought c. 350-c. 1450*, ed. J. H. Burns, Cambridge 1988.

3.10. P. Stein, "The Civil Law Doctrine of Custom and the Growth of Case Law", *Studi G. Gorla*, Milan 1994, I. 371; A. Gouron, "Coutume contre loi chez les premiers glossateurs," *Renaissance du pouvoir legislatif et genèse de l'état*, ed. A. Gouron and A. Rigaudiere, Montpellier 1988, 117.

3.11. J. M. Powell, *The Liber augustalis or Constitutions of Melfi*, Syracuse, N.Y. 1971; E. N. van Kleffens, *Hispanic*

Law until the End of the Middle Ages, Edinburgh 1968; E. Galto, J. Alejandre Garcia and J. M. Garcia Marin, *El derecho historico de los pueblos de Espana*, 3rd edn, Madrid 1982；关于安德斯·苏内森,参见 R. Bartlett, *The Making of Europe: Conquest, Colonization and Cultural Change 950—1350*, London 1993, 289; J. M. Aubert, *Le droit romain dans l'oeuvre de Saint Thomas*, Paris 1955; F. Cancelli, "Diritto romano in Dante," in *Enciclopedia Dantesca*, II. 472。

3. 12. R. Feenstra, "L'Ecole de droit d'Orleans au treizième siecle et son rayonnement dans l'Europe medievale," *Revue d'histoire des Facultés de droit et de la science juridique*, 13 (1992), 23.

第四章

罗马法和民族国家

第一节 评注法学家

十四、十五世纪主导市民法研究的学派也被称为巴托鲁斯学派。巴托鲁斯(Bartolus)于1313(或1314)年出生于马尔凯地区的一个小村庄萨索费拉托(Sassoferrato),十三(或十四)岁就开始在佩鲁贾跟奇努斯学习法律,后来继续在博洛尼亚学习,在那里获得了博士头衔,当时二十岁。他曾经在托蒂(Todi)小镇当法官,然后投身于教学,首先在比萨执教然后去了佩鲁贾,最后在佩鲁贾去世。他短暂的生命完全献给了法律,他的成果数量惊人。除了关于特别主题的著作之外,他写了《市民法大全》所有部分的详细评注,这部评注早期印刷本的篇幅达到九卷对开本之多。

虽然其著作的内容包括大量对前人著作的引用,但是巴托鲁斯总是增加一些他自己的东西,他通常都能找到一条清晰的道路,穿过争论的丛林,为某个问题指明实用的解决方法。在他的影响下,市民法研究的纯学术性减弱,更加倾向于解决当前的法律问题。他和他的追随者们解释流传给他们的文本,不过他们的目标不再是解释那些文本原本的含义,而是试图在文本当中发现适合中世纪晚期社会但仍然保持着帝国法权威的规则。

巴托鲁斯认识到,法律必须被调整以适应现实。关于皇帝对意大利城市的权力问题,他以阿佐的观点为基础进行回答。尽管在法律上皇帝是世界的主人,但巴托鲁斯观察到,现实中很多人并不服从他。在意大利的城邦国家中,民众不认可地位更高的人,他们根据自己的选择制定法律,因此他得出结论:他们拥有"治权"(imperium),他们在其地域内所享有的权力和皇帝普遍享有的权力一样大。如果他们长时间行使这种权力,那么他们就不需要证明这种权力曾由皇帝授予。实际上,如果人民将权力授予他们的统治者,那么后者就是人民的代表,人民保留最终的权力。

巴托鲁斯在处理法律冲突问题时所采用的方法可以说明他的实践倾向。这些法律冲突包括市民法和当地法之间的冲突、一项当地法和另一项当地法之间的冲突以及市民法和教会法之间的冲突。

在讨论一项威尼斯习惯法上的规则的时候,巴托鲁斯面临了市民法和当地法的冲突问题。根据这项习惯法,有三名证人的遗嘱是有效的,这直接与罗马法要求至少五名证人的规则相矛盾(C.6.23.31)。对于"与帝国法有冲突的当地习惯法无效"观点,巴托鲁斯想要寻找其原因。他的结论是:其原因肯定是在于它被认为是一项不好的习惯,因此不被认为是习惯法。然而,众所周知,罗马皇帝曾通过赋予特权的方式允许与帝国法冲突的当地习惯存在。因此,这点可以用来驳斥"与帝国法有冲突的当地习惯必然是不好的习惯"这种断言。优士丁尼法只能使他那个时代已经存在的习惯法无效。可能发生的是,后来形成的习惯法是好的,即使与优士丁尼法有冲突。威尼斯人最了解他们自己的需要。如果他们认为,为了见证一份遗嘱而让五名商人中断他们的商业活动是不合理的,那么允许只有三名证人见证的遗嘱有效的规则应当是有效的,否则立遗嘱人的最后意愿将很少能实现。巴托鲁斯通过这种方法利用罗马法论据来压制优士丁尼的规则。

尽管巴托鲁斯必须说明地方"特有法"(ius proprium)与"共同法"(ius commune)并存的合理性,但他接受了如下观念:当地制定法必须根据共同法确立的方法来解释,这样可以尽可能地减少其对共同法的损害。《市民法大全》当中没有处理不同世俗法之间冲突的明确规则。在优士丁尼时代,几乎所有生活在罗马帝国范围内的人都是罗马市民,因此法律冲突的问题没有出现。相反,在十四世纪意大利城邦国家的复杂世界里,这样的问题是迫切需要解决的,非常需要一般的处理规则。注释法学家们认为,一个人应当适用的法律就是他作为市民所属城邦的法律,但是如果两个来自不同城市的商人签订了一份合同,问题就产生了。

巴托鲁斯从《市民法大全》当中的特定案例出发并将其裁决一般化,发展出一套具有一贯性且便于利用的规则,这些规则虽然在《市民法大全》当中没有被明确陈述,但却可以主张具有《市民法大全》的权威。他所得出的这套规则是:在市民法诉讼中,诉讼程序必须总是适用审理该案的法院的法律,然而,合同的成立必须适用合同签订地的法律,而任何涉及合同履行的问题则必须适用履行地的法律。

市民法和教会法之间的冲突必须用调和的方法来处理。有一种遗嘱会引起这两种法律的冲突。在这种遗嘱当中,立遗嘱人通过宣誓来确认其遗嘱,他在宣誓过程中发誓不会通过以后订立的遗嘱撤销该遗嘱。教会法学家认为关键的要素是宣誓。比如,对杜兰都斯(Durandus)而言,这是没有问题的,任何宣誓,只要在履行时不会损害到宣誓者的不朽精神,都应当被遵守。市民法法学家则强调遗嘱自由原则。他们认为,立遗嘱人在死亡之前,都可以通过新的遗嘱自由地改变决

第四章 罗马法和民族国家

定并撤销之前的遗嘱。宣誓并不能约束他,因为如果宣誓的目的是限制这种自由的话,那么这个目的是与法相悖的。

后来的法学家,尤其是奥尔良的大师们,为了调和这两种立场,付出了巨大的努力,他们允许后来订立的遗嘱在特定条件下有效。根本性的问题是,法律是否应当允许订立一项不可撤销的遗嘱。巴托鲁斯给出的回答是否定性的,但是与前人不一样的是,他不能径直忽视教会法。他认为,剥夺立遗嘱人遗嘱自由的做法是违背善良风俗的(contra bonos mores),因此这种宣誓没有约束力,即便是在教会法当中也是如此。他的结论被陈述在以下一般规则当中:法律的权威所反对的任何事项都不会因为宣誓的力量而变得有效。最终,巴托鲁斯对市民法和教会法的调和被普遍接受。

通过探寻罗马法规则背后的理性,巴托鲁斯发展出了一系列新规则,这些规则可以声称自己具有帝国法的权威。法学家当中形成了一个普遍的观念:"不是巴托鲁斯的追随者就不能成为法学家。"(nemo jurista nisi Bartolista)整个学派的法学家都遵从他的方法,他们被称为评注法学家,在他们当中,最杰出的是他的学生巴尔杜斯(Baldus de Ubaldis)。

十四世纪下半叶,巴尔杜斯最具影响力,他于

1400年去世。他不仅评注市民法,还评注教会法和封建法,并且完善了"意见类著作"(consilium)。这种法律文献主要讨论特别案件所引起的法律问题。市民法对当前问题的适应就是通过这种法律文献来完成的。

十四世纪时,"共同法"(ius commune)巩固了其作为欧洲基督教共同文化之构成要素的地位。正是这种文化的统一解释了为什么法律和宗教在中世纪晚期的著作当中如此密切相关。有时候,罗马法和神学相互混合,对于习惯于将这两门学科分开的现代人来讲,是很奇怪的。十四世纪出现的关于撒旦案件的大量通俗小册子就是一个例子。它们的目的有两个:第一,为了说明,由于基督的献身,地狱已经丧失其对人类的权力,人们可以把赎罪作为正义和惠恩。第二,传播关于实现正义的法律程序的基本知识。其中的一本小册子(被错误地归到巴托鲁斯名下)被翻译成了德文,值得作为一个范例来叙述。

撒旦来到基督的法庭对人类提起一项诉讼。这是一项"侵夺诉讼"(actio spolii),指控人类剥夺其合法占有。被告没有在指定的日期出席审判,撒旦要求缺席审判。基督根据衡平原则利用法官的自由裁量权准予延期开庭。在下一个开庭日,圣母玛利亚作为人类的代理人出庭。撒旦反对让她出庭:第一,她是个女人,不适合担任代理人;第二,她和法官之间的亲属关系也使得她不适合作为本案代理人。基督驳回了他的反对意见。圣母玛利亚主张,撒旦只能为上帝的利益而拥有一种非自主的占有权,因此基督驳回了撒旦的侵夺诉讼。然后,撒旦提起一项所有权诉讼,主张他对人类享有所有权,其依据是人类的原罪以及上帝对亚当所说的话:如果他吃了禁果,他就要死。圣母玛利亚辩护说,撒旦本身正是人类堕落的原因,任何人都无权因其自身的欺诈行为而受益。撒旦反驳说,即便这是正确的,法官也应当依职权判罚人类,因为正义不允许犯罪不受惩罚。圣母玛利亚认为,这属于原告非法改变诉讼请求,并提出其决定性的辩论意见:基督自愿为人类受难,这已经满足了正义的要求。因此,撒旦的诉讼请求被驳回。

在一个将神学和法律视为统一的欧洲基督教文化的两个方面的时期,通过法律诉讼的形式来论述一个神学主题,是非常自然的事情。

第二节 人文主义的冲击

在十五世纪末,随着许多新的大学被建立起来,越来越多的法学家接受这种传统知识的训练,巴托鲁斯的追随者们所发展的共同法在整个欧洲的影响力越来越大。然而,与此同时,为解决当前问题而进行的调整越多,共同法离优士丁尼法就越远,而后者正是其权威之源泉。其实践者自负地认为,文本、注释和评注一起包含了完全理解法律所需要的全部知识。他们用中世纪的拉丁语写作,从不关心语言风格是否优雅或者良好。因此,他们成了文艺复兴时期新学问倡导者们现成的批评靶子。

到了十五世纪,意大利学者开始认识到古典时期在各方面留下的财富。他们利用一切可以窥探古代社会及其思想的内容,并且热切地研究已经沉睡了多个世纪的文本。罗马法文本自从十二世纪以来就为人所知并且被研究,然而至于这些文本提供了哪些关于古典时期的信息,其研究者们并不是很感兴趣。抱着这种新的人文主义态度研究《市民法大全》的学者,如果想从注释法学家和评注法学家的著作当中寻找解释,那么他注定会失望。人文主义学者满脑子都是注释法学家和评注法学家从未提出过的问题。人文主义学者希望知道文本的权威性、准确性,以及古典法学家所依据的规则背后的事实情况,不过这些内容几乎完全被之前的解释者忽略。因此,在辛苦地阅读完注释法学家和评注法学家的著作之后,他们发现,这些用中世纪粗俗拉丁语写作的乏味讨论,对于他们希望知道的事情毫无帮助。

十五世纪中叶,意大利北部帕维亚的人文主义学者震惊于《学说汇纂》摘录古典法学家文本的方式。在他们眼中,特里波尼安——优士丁尼手下负责编纂工作的大臣——不仅仅没有恰当地摘录文本,而且在这个过程当中还篡改了它们并引入了粗俗的语句。洛伦佐·瓦拉(Lorenzo Valla)在其《拉丁语的优雅》(Elegantiae linguae Latinae)一书当中赞扬了古典罗马法学家,同时批评了特里波尼安以及从阿库修斯到巴托鲁斯的所有中世纪注释者,因为他们的拉丁语实在太糟糕。在瓦拉看来,他们对正确的语言漠不关心,这说明他们不能成为称职的法学家。瓦拉证明了所谓的《君士坦丁赠与书》是伪作。这份文件记载了这位皇帝将世俗的权力赠与教皇,被中世纪绝大多数市民法和教会法解释者信以为真。他的论证部分是基于该赠与书所使用的语言,部分是基于以下时代错误:这份文件说君士坦丁授予罗马主教对君士坦丁堡主教的管辖权,而那时候君士坦丁堡并不存在主教。因此,人文主义对法源形成了一种新的批判态度。

第三节 人文主义和市民法

十五世纪的意大利人文主义学者认识到,他们可以利用的《学说汇纂》文本是有错误的。注释法学家和评注法学家满足于"博洛尼亚抄本"(littera bononiensis)。该抄本在十一世纪就已经在博洛尼亚使用,是早期《学说汇纂》印刷本的基础。人文主义学者们发现,佛罗伦萨洛伦佐图书馆的抄本(F抄本)更为古老,而且更接近原著,但不方便查阅,因为馆方很少批准翻阅该书。

人文主义学者波利齐亚诺(Poliziano)尽管不是法学家,但他认为有必要彻底研究F抄本。他认为该抄本就是优士丁尼在公元550年左右发送给教皇维吉利乌斯(Vigilius)的抄本(这实际上是可能的)。他从美第奇家族族长"高贵的洛伦佐"(Lorenzo il magnifico)那里获得许可,把F抄本和印刷版的《学说汇纂》进行比对。他的工作非常积极,在《旧学说汇纂》(Digestum vetus)末尾他标注说,他在1490年7月19日上午12:30完成该册的比对工作。六个星期后,他完成了全部的比对工作。尽管波利齐亚诺仅仅发表了很少一部分他对 F 抄本的比对成果,但是他确立了这样一种观念:这一抄本是各个《学说汇纂》抄本的原本,最好的一份文本就是以它为基础编纂的。

最早的一批人文主义法学家出现在十六世纪上半叶。他们主要致力于清除充斥在文本中的注释和评注。法国人纪尧姆·比代[Guillaume Budé(Budaeus)]尽管是一名法学家,但他在 1508 年的《潘德克顿注解》(Annotationes in Pandectas)一书当中表现出来的是,相对于法律本身,他更感兴趣的是《学说汇纂》当中不平常的词语以及它所提供的关于古代生活的知识。他把对此类问题毫无兴趣的评注比喻为必须从文本当中剔除的恶性肿瘤。与他同时代的德国人乌尔里希·察修斯[Ulrich Zäsi(Zasius)]是弗莱堡城市委员会的书记员、当地大学的教授,他把评注比喻为在文本周围扎根的巨型藤蔓。察修斯关注的是文本的法律含义。他在《挑灯夜读》(Lucubrationes,1518)一书当中描述了这种新的人文主义方法:"如果法学家们不是一直这么盲目地遵从注释和巴托鲁斯的权威,法律的真正含义现在会被看得更加清楚并且更加纯洁,绝大多数令人讨厌的、充满错误的评注就会消失。唯一真正的解释者是那些试图解释法源本身的人。"关注的重点不再是发现可以适用于当前问题的规则,而是在于揭示优士丁尼文本原本的含义。

法律人文主义的最初阶段中最有影响力的法学家是意大利人安德雷亚·阿尔恰托[Andrea Alciato(Alciatus)]。他比察修斯年轻三十岁,但他在察修斯发表《挑灯夜读》的同一年(1518)发表了三部短篇作品,一举成名。最具冲击力的是《悖论》(Paradoxa),该作品对公认的观点提出了异议。阿尔恰托出生在米兰,在帕维亚跟巴托鲁斯学派最后的大师曼农的亚松(Jason de Mayno)和菲利普斯·德修斯(Filippus Decius)学习法律,但同时也被人文主义学问的激情所吸引。他为自己设定的任务是,把法律研究和人文研究融合在一起。他完成此项任务的第一步,是从历史和法学的双重视角去重构罗马政治制度。

从1518年到1522年,阿尔恰托在阿维尼翁(Avignon)任教,并把这种新的方法介绍到法兰西。这种新方法在法兰西受到了热烈的欢迎,后来被称为"高卢风格"(mos gallicus),与被称为"意大利风格"(mos italicus)的传统巴托鲁斯方法相对应。从1529年开始,阿尔恰托在布尔日(Bourges)任教,这里成了法律人文主义的中心。布尔日是胡格诺教徒的大本营,几乎所有杰出的法国法律人文主义学者都是新教徒。实际上,这场运动在1573年圣巴塞洛缪(St Bartholo-

第四章 罗马法和民族国家

mew)大屠杀之后就被严重削弱了,当时这场运动的许多主要领导人或是逃离法兰西,或是被杀。在他们的法律思想和神学思想之间有一个明显的相似之处:教会的改革者质疑教父的权威并提出要回到圣经的纯粹文句,法律人文主义者则致力于探寻文本原本的字句,以此来复原真正的优士丁尼法。

早期的法律人文主义学者致力于提高文本的质量,但是他们没有以波利齐亚诺为榜样,系统性地将文本与佛罗伦萨的 F 抄本进行比对,而是主要依靠推测的方法,利用他们对古代的知识来推测文本本来应该是什么样的。直到1553年,波利齐亚诺去世近六十年之后,莱利奥·托雷利(Lelio Torelli)才与杰出的西班牙学者安东尼奥·奥古斯丁(Antonio Augstin)合作,编出一部以佛罗伦萨的 F 抄本为基础的《学说汇纂》版本。

最伟大的人文主义文本批判者是雅克·居亚斯[Jacques Cujas(Cujacius)]。他认识到 F 抄本的重要性,但是也意识到不能盲目地遵从这部最好的抄本。必须考虑文本所得出的法律结论,但也要考虑文本所涉及的那位罗马法学家是否在任何情况下都会这么写。对于居亚斯来讲,这意味着要权衡 F 抄本的文本和"法律的理性"(ratio iuris)或者规则背后的原理。

要想成功地做到这一点,就必须要具备渊博的知识,不仅要掌握《市民法大全》文本,还要掌握人文主义古代文献研究的一般知识。居亚斯在文本研究上是无与伦比的,他的著作至今仍被引用以解释优士丁尼文本。他和他的同道还开创了《学说汇纂》文本的"篡改"(interpolatio)研究。

在试图从注释法学家和评注法学家制造的混乱中恢复纯正罗马法的过程当中,人文主义学者认识到,优士丁尼的文本所体现的不仅仅是公元六世纪的拜占庭法,也体现了公元二世纪和三世纪的法律。《学说汇纂》摘录的片段主要来自这个时期的法学家的著作。人文主义学者把这一时期称为罗马法的古典时期。通过仔细地探究,他们甚至可以重构共和国早期的《十二表法》。法国人艾马尔·迪里瓦伊(Aymar Du Rivail)早在1515年就出版了《市民法和祭司法的历史》(Historia iuris civilis et pontificii)一书。他曾在帕维亚学习,和阿尔恰托师出同门。在该书当中,他主要关注的是《学说汇纂》当中关于"法的起源"的记述——D.1.2.2当中收录的彭波尼乌斯(Pomponius)的长片段,并通过参考李维关于共和国早期的论述进行补充。迪里瓦伊试图重构《十二表法》的内容,由于该法据说受到雅典梭伦立法的启发,所以他也把已知的梭伦立法内容都包含进去。

当他们区分《学说汇纂》当中所出现的不同的法律层次(strata)时,人文主义学者认识到,罗马法的状况和罗马社会的状况密切相关,当社会发生变化时,法律也会随之发生变化。他们尤其注意到,某一特定时期的法律受到该时期政治形势的影响。在追寻罗马法的发展过程时,他们将其与当时的法兰西正在发生的政治变革作对比。一些人认为,对古代法的研究可以为他们自己的宪政问题提供答案。不过,当他们越来越多地把罗马法和他们所发现的关于罗马社会的信息联系起来时,他们就越来越认识到他们的十六世纪社会与古罗马社会之间的不同。这种认识导致他们产生了这样的疑问:把罗马法作为当时的法兰西的模范到底是否正确?

通过强调罗马法和古罗马社会之间的联系,人文主义学者实际上是在挑战"罗马市民法普遍有效"的主张。主要代表人物是弗朗索瓦·霍特曼(François Hotman)。他强调公法和私法的区分,并认为,任何国家的公法都必须与其政体相关联。即使在私法领域,罗马法也会随着社会的变化而变化,很多规则已经变得过时。在他的《法兰克高卢》(Francogallia, 1573)一书当中,他认为此时的法兰西是法兰克制度的产物,而不是罗马制度的产物,法兰克人是未曾受罗马法影响的日耳曼民族。霍特曼主张,法国的土地所有问题受封建法的调整,尽管《封地法书》(Libri feudorum)在中世纪被收入《市民法大全》,但封建法与真正的罗马法是非常不一样的。就像他在《反对特里波尼安》(Antitribonianus,写于1552年但于作者去世后在1603年出版)一书当中所说的那样,一个法国律师进入到一个法国法院,如果他只掌握罗马法关于财产和继承规则的知识,那么他就好比来到了美洲的野蛮人中间。在霍特曼看来,罗马市民法不适合十六世纪的法国。

人文主义学者对罗马法文本的批判以及他们对罗马法和古罗马社会之间的关系的强调,都会削弱人们对《市民法大全》的崇敬。尽管如此,大多数人文主义学者都承认,对于理性、公正地解决许多长期存在的法律问题,古典罗马法学家的工作是无与伦比的。然而,他们第一次无拘无束地批评了古罗马法学家的观点流传下来的形式。《市民法大全》的文本编排形式为探索真正的古代罗马法增加了困难。无论是《学说汇纂》还是《法典》都没有一个理性的次序安排,而且它们包含了很多重复和矛盾。其导致的结果是,作出相互矛盾的解释的可能性非常大,因此在一般市民看来,市民法法学家以擅长复杂的论辩而闻名,这为欺骗提供了机会。

第四章 罗马法和民族国家

第四节 市民法成了一门科学

布尔日(Bourges)的人文主义法学教授认为,法律可以像其他科学学科那样以同样的方法呈现,尤其是可以按照从一般到特殊的逻辑顺序进行安排。众所周知,早期的法学家非常怀疑这种方法,因此坚决地遵从文本的传统但缺乏理性的顺序。西塞罗成了人文主义学者的偶像,早在古代他就曾经呼吁把市民法重塑为一门科学(ius civile in artem redactum),但没有获得成功。人文主义学者决定实现西塞罗的这个梦想。

《市民法大全》当中唯一按照一种理性顺序安排的部分是《法学阶梯》。评注法学家对它没有太大关注,不过,此后法学家们尝试将市民法重塑到更具体系性的形式中去,《法学阶梯》在此过程中扮演了非常重要的角色。布尔日法律人文主义学者的纲领是弗朗索瓦·杜瓦伦努斯[François Duaren(Duarenus)]关于讲授和学习法律的短篇著作——《关于法律讲授和学习方法的通信》(Epistula de ratione docendi discendique iuris,1544)。在严厉地批评了传统的教学方法之后,他主张法律应当像其他科学那样按照从一般到特殊的顺序去讲解。为此,他认为《法学阶梯》更加简明、更具体系性的进路优于任何其他进路,但他并没有说明这种新方法如何应用于实践。只有少数人文主义学者能从制订计划的阶段走到实际撰写重构著作的阶段。弗朗索瓦·科纳努斯[François Connan(Connanus),1551年去世]和雨果·多诺鲁斯[Hugues Doneau(Donellus),1527—1591]就是其中两位。

科纳努斯从《法学阶梯》的人、物、诉讼的区分开始,不过他用一种新的方法把素材安排在这些标题之下。在处理人的各种不同的能力以及物的不同种类时,传统的安排是有体系性的;但是在涉及诉讼的时候,就不再具有系统性了。科纳努斯在论述人和有体物时仍然遵循人们熟悉的套路。然而,在转到诉讼时,则作出了一项重大的改变。科纳努斯指出,在"诉讼"的标题下,优士丁尼并不处理诉讼程序的问题,而是把债包括进去作为诉讼的开篇。因此,他推论说,"诉讼"肯定是包括任何可以引起诉讼的行为。因此,他认为,这个种类不仅仅包括债,还包括婚姻(传统上被放在"人"的标题下)、遗嘱继承和法定继承(之前被归到"物"的标题下)。它们全都是由具有法律效果的行为引起的。

多诺鲁斯的激进程度不如科纳努斯,但更具影响

第四章 罗马法和民族国家

力。他认为,优士丁尼法肯定是有逻辑的,尽管看起来并非如此,因此他致力于寻找其中蕴含的体系性结构。他所遵循的方法是"分部"(partitio)的方法,即把整体划分为各个部分。考虑到他的著作后来对罗马法发展所产生的巨大影响,有必要对其观点进行一些具体的考察。

优士丁尼对法的定义为所有的法律设定了目标,也就是"把每个人应得的东西分配给他们"(suum cuique tribuere)。因此,神法涉及的问题是什么是上帝的,公法涉及的问题是什么是公共的,私法涉及的问题是什么属于私人所有。然而,当罗马法学家提到市民法的时候,实质上指的是私法。私法的主题几乎占了五十卷《学说汇纂》当中的四十九卷,十二卷《法典》当中的将近九卷。因此,多诺鲁斯将自己的任务确定为:分析在不同情形下将"ius"分配给私人的法律。在拉丁语和大多数欧洲语言当中,同一个词[ius(拉丁语),Recht(德语),droit(法语)]被同时用来表示客观法(比如债法)和主观权利(比如,出售某物之权利)。这种双重含义掩盖了一种潜在的模糊性,这种模糊性在英语中不存在。对于多诺鲁斯来讲,"ius"一词通常是指属于某个人的主观权利,因此,他认为,法律作为一个整体就是一个权利体系。

在分析《法学阶梯》的结构时,多诺鲁斯将注意力集中在诉讼的含义上。他反对科纳努斯的解释并提出,一般来讲,罗马法学家使用"actio"这个词是用来表示一个法律诉讼程序。因此,他批评优士丁尼把诉讼和债联结在一起的做法。多诺鲁斯的结论是:市民法由两个方面构成,第一是要知道什么在法律上属于每一个人,第二是获得它的程序手段。

之前,实体法规则和实现这些规则的具体的程序性手段并没有清楚地被区分开来。现在,私法第一次被区分为两个方面:一方面是被视为主观权利的体系的实体法,另一方面是民事诉讼程序。从逻辑上来讲,应该首先确定在法律上每个人应得的东西,然后才去讨论如何获得它。如果是这样,那么在私法当中首先讨论诉讼和判决的做法肯定是错误的。然而,《学说汇纂》的汇编者们正好是这样做的。"法学阶梯体系"由于把诉讼放在最后,所以更胜一筹,因此多诺鲁斯认为,自己放弃"学说汇纂体系"而更推崇"法学阶梯体系"并不值得惊讶。

实体法和诉讼程序的区分是多诺鲁斯伟大的二十八卷本《市民法评注》的基础,其中前十六卷是关于实体法的,后十二卷是关于诉讼程序的。构成私法实体内容的权利被分成两类:一类确确实实是我们的东西,

第四章 罗马法和民族国家

另一类是别人欠我们的东西。第一类既包括我们作为自由的人所享有的权利,比如生命和自由,也包括我们对外在事物的权利。第二类包括因他人基于合同或不法行为而有义务为我们做某事而产生的权利。因此,尽管债权不像我们的声誉或者我们对房屋的所有权那样,现实为我们所有,但是它们仍然属于我们的权利。

多诺鲁斯试图剔除其原有的形式瑕疵以及中世纪的篡改,以重现优士丁尼法的本质。比如,罗马法的"所有权"(dominium)概念是不可分的。因此,中世纪对领主和封臣的封建关系的处理便无法得到支持,因为根据这种处理方法,土地所有权在领主和封臣之间进行了划分。那么封臣的利益如何得到承认呢?传统上,它被视为一种特殊的用益权,但是因为用益权仅限于用益权人终身,这是不恰当的。多诺鲁斯注意到,除了用益权之外,罗马法承认一系列对他人之物的有限财产利益,比如通行权、担保权、永佃权(emphyteusis,一种长期的租赁权,承租人的法律地位类似所有权人)。他得出结论:这些都是对所有权人权利的削弱,并构成一个人对他人财产所享有的财产权的一般类型(他物权,iura in re aliena)。多诺鲁斯是第一个认识到这个概念的人,这个概念成了现代财产法的一个里程碑。这个概念也可以包含封建封臣的利益。

在为法律寻求一个更加符合逻辑的体系时,十六世纪晚期的法学家们通过使用[法国逻辑学家彼得吕斯·拉米斯(Petrus Ramus)提倡的]详尽的图表形式,充分利用了印刷的潜力。这些图表以示意图的形式来表明一般种类和特殊种类之间的关系。

把拉米斯的方法运用到法律上的一个非常有影响的例子是德国学者约翰内斯·阿尔图修斯(Johannes Althusius)的《法学三卷》(Dicaeologicae lib. III),该书于1617年面世。其副标题表明了其目标:"将当前有效的全部法律有条理地进行安排,附有犹太法的对比,并通过图表来补充"。阿尔图修斯首先区分了法律规范和事实,事实是指人与人之间的具有法律效果的交易。科纳努斯认为,在《法学阶梯》的体系当中,诉讼应被理解为不仅包含法律诉讼程序,而且包含人的全部行为。阿尔图修斯以科纳努斯的观点为基础,发展了"negotium"(交易、行为)的概念。这个概念涵括每一个影响到人类社会生活的交易,对人类生活的影响包括增加某些有益或必要的东西,或者设置某种障碍。"negotium"被分成不同的部分和种类。各个部分如下:首先是交易所涉及的客体,可以区分为有体物和无体物等,其次是交易所涉及的人,可能是单个的人或者是人的集合等。"negotium"的各个种类就是交易的不同类型，可能是自愿行为，比如合同，也可以是非自愿的行为，比如不法行为。阿尔图修斯的探讨实质上是基于罗马私法进行的，但是他把实体法规则放进了一种与罗马法没有太大关系的逻辑框架内。

第五节 习惯法的整理

人文主义法学并不限于市民法。在十五世纪晚期，在整个欧洲的法院当中适用的大量法律实质上被视为传统习惯法。这些传统习惯法几乎没有受到立法的影响，而是在不同的程度上受到古代罗马法的残留以及在大学中被教授的"学问法"（gelehrtes Recht）的影响。意大利各邦国、西班牙以及法兰西南部"成文法地区"（pays de droit écrit）的习惯法仍然带有某种蛮族化西哥特罗马法以及地中海沿岸罗马法教学传统的痕迹。在法兰西北部的"习惯法地区"（pays de droit coutumier），当地的习惯具有日耳曼根源，主要是法兰克根源，但是罗马-教会法诉讼程序的引入造成了职业法学家阶层的产生，他们把罗马法和教会法的方法运用于习惯法。然而，在德国，习惯法几乎不受罗马法的影响。

一些法兰西习惯法已经被记载成文,但是对于那些没有书面记载的习惯法,必须求助于共同体民众的记忆,除非具体习惯的范围是"众所周知的"(notoire),或者所有人都认可的,否则就需要进行习惯法依据调查(enquête par turbe),负责调查的机构就相关习惯询问共同体中的长者。这是一个成本很高且很费时的程序,从十五世纪中期开始,法兰西国王试图要求各地区以书面形式记录他们的法律。起初,各地区怠于响应国王的命令,后来形成了一个结合了国王的权威、职业法学家的参与以及民众的认可的程序。为了将当地习惯法成文化,当地议会通过举行会议的方式来批准当地习惯法。政府派出资深法学家(通常是各省法院的法官)作为国王的专员去主持这些会议。如果任何规则显得不公平,就会受到批评并可能被更改。除了负责主持的专员之外,当地议会通常也包含职业法学家,随着讨论变得越来越有技术性,职业法学家有接管讨论程序并支配最终结果的趋势,尽管议会要作为一个整体作出批准。

到十六世纪上半叶,所有法兰西的地区习惯法都通过这种方式被"法典化"。这些法典化的地方习惯法由于采用了权威且明白易懂的形式,成了以市民法方式进行学术评注和解释的对象。因此,确定全部或

第四章 罗马法和民族国家

者大多数习惯法的共同要素变得更容易了。这些习惯法最重要的阐述者是夏尔·迪穆兰[Charles Dumoulin(Molinaeus),1500—1566]。他在奥尔良学习,在那里,他致力于学习巴托鲁斯和巴尔杜斯的传统学问。不过,他也接受了大量的人文主义精神的熏陶,因此比之前的作者更加自由地运用巴托鲁斯学派的学问。部分原因在于作为一个新教徒和民族主义者,他怀着恢复古老的法兰西习惯法的愿望,认为这些古老的习惯法体现了更原本的、更纯粹的法兰西特征。尤其是,他反对巴托鲁斯学派的如下观念:对于与共同法(ius commune)有冲突的成文习惯(statuta),应当尽可能狭义地进行解释。

迪穆兰的主要著作是《巴黎习惯法评注》,该书于1538年问世。这些习惯法在1510年形成了最终的形式,这本评注是用拉丁文写的。迪穆兰的方法可以从他对封建关系的论述中看出。他是最早质疑《市民法大全》当中收录的《封地法书》(Libri feudorum)的法律效力的人之一。其汇编者奥博图斯(Obertus)并没有官职,认为他的汇编具有优士丁尼文本的效力是错误的,尽管人们这样认为的时间已经超过三百年(Opera omnia, 1681, I. 115, 815)。然而,当开始解释巴黎习惯法当中包含的关于封地的细节时,迪穆兰已经准备好使用评注法学家的传统学问。主要的问题是封建封臣对土地的权利的性质以及封建封臣对其领主的义务的性质。

传统上,封建封臣的权利的分类是以奥博图斯的描述为基础的。他说,封臣有权对土地进行使用和受益。对市民法法学家来讲,这让封臣的权利听起来像是一种市民法上的用益权,不过,跟一般的用益权不一样的是,这种权利可以从一代传给下一代。市民法法学家因此把封臣的权利叫作"扩用所有权"(dominium utile),与领主享有的"直接所有权"(dominium directum)相对应。迪穆兰满足于接受这种关于封臣权利的传统理解,即将其视为赋予封臣的一种永久用益权。

关于封臣对领主的义务,有一种倾向是将其视为债权人—债务人关系的变种。不过,根据迪穆兰的观点,如果把封建关系视为一种纯经济关系,那就忽略了一个重要的方面——封臣尊敬其领主的义务,这并不包括在封臣的任何金钱给付义务之内。迪穆兰希望恢复封建关系的真正性质,他利用了源自评注法学家的观点,这个观点乍一看并不重要。巴尔杜斯区分一般债务和封臣对领主的债务,其理由是,对于一般债务,债权人或者通过合同确定偿付的地点或者来到债务人处收取债务,而封建债务人因为要尊敬其领主,所以必

第四章 罗马法和民族国家

须要来到债权人处偿债。尽管巴黎习惯法对于封建债务的履行地没有相应的规则,但迪穆兰坚持说封建关系要求封臣来找领主偿债,这是他尊敬领主的义务的一部分。通过这种方法,迪穆兰用折中的方式利用市民法评注法学家的学问去反对把封建关系视为一种纯粹经济关系的观念,并且重建了更为古老的观念,他认为这个更为古老的观念是传统法兰西社会结构的一部分。

在他的《关于法兰西习惯的协调和统一之演说》[Oratio de concordia et unione consuetudinum Franciae (Omnia opera,1681,II. 690)]一书当中,迪穆兰主张存在一个广为接受的、所有习惯法共有的核心规则,各项习惯之间的漏洞优先通过这个核心规则来填补,而不是通过市民法来填补。这个观念被居伊·科克维尔(Guy Coquille,1523—1602)收进了他的《法兰西法纲要》(Institution au droit Français)一书当中。尽管他的书名比较宽泛,但该书仅仅论述习惯法和国王的立法所涉及的法律领域。科克维尔承认,为了填补漏洞,有时候不得不去求助于市民法。然而,后者显然是应该最后求助的辅助性法律。

第六节　巴托鲁斯学派的回应

以布尔日(Bourges)为中心的人文主义运动对整个市民法学术界产生了影响,而且,从长远的视角来看,它改变了市民法。相反,它对法律实践的直接冲击是可以忽略的。各地的法院、诉讼代理人和公证人仍然忠于巴托鲁斯传统。这并不是因为他们不知道法律人文主义的挑战。在所有社会中,市民法法学家已经变成了一股令人敬畏的政治力量和社会力量。在法兰西,一般认为他们构成了一个"着礼服的贵族"(noblesse de la robe)阶层,他们憎恨任何反对其专业知识的运动。因为,正是这种专业知识为他们提供了在国家和地方政府担任要职的资格。

然而,除了挑战他们的既得利益之外,市民法的实践者发现人文主义文化的大量内容与他们日常的利益并不相关。在法院中具有分量的论证不会在人文主义学者关于乌尔比安真实观点的讨论当中找到,而是会在巴托鲁斯和巴尔杜斯及其后继者的著作中找到。尽管评注法学家的评注会严重侵犯人文主义学者的审美感,但各种评注是按照经过验证的且实践者易于掌握

第四章　罗马法和民族国家

的方式来写的。这些评注总是会仔细地引用先前的讨论，并对各种不同的事实情况作出精细的区分。市面上存在大量的"目录索引"（Repertoria），它们使得实践者们很容易找到他们想要寻找的东西，因而通常可以跳过前置问题，直接阅读对相关问题的讨论。

评注法学家著作的大量重印见证了"意大利风格"（mos italicus）的繁荣。在整个十六世纪，这些著作不仅在意大利，而且在巴黎和里昂的印刷厂大量印刷。实际上，人文主义学者的著作只有很小的发行量，其读者仅限于学者。在现代的图书馆当中，它们与共同法著作相比数量也非常稀少。后者此时也有了自己的拥护者。为了抵制对文本原初含义的依赖，他们发展出了"博士们的共同意见"（communis opinio doctorum）的概念。巴尔杜斯曾经争辩说，如果主要的评注法学家对某个特别的原理达成一致，那么这个观点就具有习惯法的效力。在这个时候，这意味着，它比《市民法大全》的任何特定文本都具有更大的权威。这是评注对文本的最终胜利，而这场战争始于注释法学家。

阿尔贝里科·贞提利（Alberico Gentili）是一个意大利新教徒，他在佩鲁贾严格遵循巴托鲁斯传统学习法律。因为宗教原因离开意大利之后，他在1580年到达英格兰，两年后他出版了《关于法解释之对话六篇》

(De iuris interpretibus dialogi sex),这是为巴托鲁斯方法所作的激烈辩护,针对的对象是法兰西人文主义学派。他的论辩以实践考量为基础:讲授市民法的目的是为学生在当代社会中从事法律实践做准备。他诘问道:人文主义教授希望他们的学生在完成学业之后到哪里去?去柏拉图的"理想国",还是去"乌托邦"?(Dialogus, IV.)

第七节 罗马法的继受

当欧洲大陆的民族国家为他们新建立的"主权"感到自豪,并设立职业法庭接管当地法庭的重要业务时,他们一致采用罗马-教会法诉讼程序的某种变体。然而,对于实体市民法,他们仅仅在现存习惯法不能满足他们的需要或者因为没有成文形式而很难查清时才采用。因此,在习惯法普遍被法典化的法兰西,法庭实践对罗马法的继受就像一条缓缓流动的涓涓细流,而在德语地区,就像我们将要看到的那样,却是一股滔滔洪流。有时候国王的立法推进了这项运动。在西班牙,《七部法典》(Siete Partidas)日益成为对抗各省"特殊主义"(particularism)的砝码。1567年,一部新的法

第四章 罗马法和民族国家

律汇编作为对《七部法典》的补充而出现,这部汇编被称为《新法汇编》(Nueva Recopilación),模仿优士丁尼的《法典》被分为九卷。

到处都需要优士丁尼的文本所提供的更加全面、技术上更优的法律,但是其被采用的程度要视当地的环境而定,不列颠的情况正好说明了这一点。十六世纪初,在该岛北部,苏格兰有类似于英格兰的习惯法,但其发展程度远远落后于英格兰,因为它不像英格兰那样,有一个由职业法官构成的中央法院和一群受过训练的律师。1532年,苏格兰设立了一个由职业法官组成的常设法院——"最高民事法院"(Court of Session),该法院采用欧洲大陆标准的成文诉讼程序。只要可能,它就会适用传统的苏格兰法,但是如果在传统苏格兰法当中找不到答案,法官们就会求助于"共同法"(ius commune)。苏格兰议会在1583年通过的一项法案把市民法规则称为"普通法的规定",这不是指英格兰的普通法,而是指"共同法"(ius commune)。十五世纪,有三所大学分别在圣安德鲁斯(St Andrews)、格拉斯哥(Glasgow)和阿伯丁(Aberdeen)被建立,它们引入了教会法和市民法教学。然而,对于初露头角的苏格兰法学家来说,在欧洲大陆学习市民法是很平常的事情,起初在法兰西学习,后来从十六世纪晚期开始在荷兰学习。苏格兰法院总是强调,它们适用一项市民法规则不是因为市民法在苏格兰享有任何特别的权威,而是因为它的"公平性"(equity)及其合理的原则。市民法作为一种适合解决十六世纪问题(尤其是那些因为商业往来的增长而产生的问题)的法源,并没有现实的替代选择。

英格兰的情况比较复杂。在布莱克顿时期与市民法有过亲密接触之后,英格兰普通法发展成了一门高度专业的学问,并有一群训练良好的法学家,他们都在伦敦的"律师公会"(Inns of Court)学习过。律师公会除了名称之外,实际上完全是一所法律大学。然而,英格兰普通法开始变得自我封闭,拒绝改变。就像古典罗马法的程式诉讼那样,普通法所提供的几乎唯一的救济就是金钱赔偿。当需要其他救济方式的时候(比如命令一方当事人做或者不做某事,或者纠正一份文件),当事人就需要从别处寻找救济手段。诉讼当事人请求"大法官"(Chancellor)(国王良知的守护者)为他们提供普通法法院不能提供的救济。"大法官法院"(Court of Chancery)的这种管辖权,在十四和十五世纪逐渐发展起来。大法官法院适用的规则统称"衡平法"(Equity)。

宗教改革之前的大多数大法官都是神职人员,熟

第四章　罗马法和民族国家

悉教会法和市民法,他们可以自如地利用教会法和市民法来发展衡平法。比如,衡平法的首要制度是信托,根据信托的规则,法律上的财产所有人必须为另一个人(衡平所有人)的利益而拥有财产。在处理受托人管理信托财产的义务时,大法官们发现市民法当中关于监护人管理未适婚受监护人财产的义务的讨论非常有帮助。因此,衡平法比起传统的普通法更容易受市民法的影响。

当然,英格兰有自己的教会法院,适用教会法和教会诉讼程序,也有一些法院适用罗马-教会法诉讼程序并直接适用"共同法"(ius commune)。最重要的是海事法院(Court of Admiralty),该法院审理海事纠纷以及其他国际性的纠纷。随军征战的军事法官也适用市民法,就像两个英格兰大学(牛津和剑桥)的副大法官法庭所做的那样。

普通法学家无权在适用教会法和市民法的法院出庭。这些法院有它们自己的法学家,这些法学家根据他们所适用的市民法(ius civile)被称为"市民法法学家"(civilians)。市民法法学家属于一个类似于"律师公会"(Inns of Court)的行业工会,被称为"博士公会"(Doctors' Commons)。政府正是依靠这些博士参与国际磋商。他们大部分在牛津或剑桥接受训练。在与罗马决裂之后,国王亨利八世取消了正式的教会法课程,尽管在实践当中英格兰教会的法院继续用教会法来处理婚姻和遗嘱事务,甚至也会考虑当时宗教改革之后的欧洲大陆国家的理论。相反,市民法的教学得到了加强,亨利八世选择了市民法和其他有文艺复兴特点的学科(比如希腊语、希伯来语和新教神学)一起作为"钦定教席"(Regius Chairs)的科目。"钦定教席"是他在牛津和剑桥设立的,由国王决定,现在仍然如此。

第八节　罗马法在德意志地区的继受

法兰西很早就采用罗马-教会法诉讼程序并且把罗马法的术语和分类融入到法典化的习惯法中去,这意味着大量的罗马法逐渐渗透进法兰西法。相反,德意志地区很长时间都没有受到罗马法的影响。这是一个由公国和自由城市在神圣罗马帝国皇帝统治下组成的松散联盟。与法兰西的情况不一样的是,国王的法典化兴趣以及广泛传播的专业知识都没有在德意志地区出现。习惯法的法院是由陪审员(Schöffen)组成的法院,他们是一群当地有名望的非专业人士,法律工作只是他们日常工作的一部分,他们以口头方式传承关于习惯法的知识。他们所使用的程序是非正式的、口头的,证据依据古代的"帮助宣誓"(compurgation)方法被提供。在判决当中,他们通常会陈述事实并作出结论,但不解释为什么会得出这样的结论。他们作为共同体法律传统守护者的权威依靠的是他们普遍享有的声望。

直到十五世纪晚期,由于那场一般被称为"罗马法的继受"的发展进程,这一体系才受到严重的挑战。从十三世纪开始,德意志地区的学生去意大利和法兰西的大学学习法律,到了十四世纪,德意志地区邦国开始建立大学。布拉格在1348年建立大学,很快维也纳(1365)、海德堡(1385)、科隆(1388)以及其他一些地方也建立了大学。不过起初它们的学生几乎全都是学习教会法的神职人员,如果讲授市民法的话,也只是作为教会法的辅助知识来讲授。一些关于罗马法的基础"词汇书"(vocabularies)和简明读本在十五世纪的德意志地区流传,这说明他们认为对罗马法的语言有些认识对低级官员也是很有益的。教会法院的法官使用罗马-教会法诉讼程序,有时候他们更像仲裁员而不是严格意义上的法官,他们与欧洲其他地方的法官相比有更多的事务要做。因为在一些案件类型当中,诉讼当事人偏好职业法官和成文的诉讼程序,而不是非专业的法官和口头的诉讼程序。

只要陪审员法院坚持传统的口头诉讼程序,罗马法对法律实践的影响就不会很大。在十五世纪的最后几十年里,一些陪审员法院,比如美因河畔法兰克福(Frankfurt am Main)的陪审员法院,允许使用罗马–教会法诉讼程序以及受过训练的诉讼代理人撰写的诉状。这种改变并不是通过立法发生的,其动因来自诉讼当事人及其法律顾问。他们发现,传统的诉讼程序不能很好地让他们把相关争议提交到法庭,而唯一可供利用的替代选择就是教会法院所使用的诉讼程序。旧的诉讼程序没有立即被废除,但是很快就被取代了。

程序法上的改变并不必然要求用罗马法来替代传统的习惯法。毕竟在法兰西,成文的诉讼程序被长时间用于适用习惯法的法院,这并没有对习惯法的本质产生重大的影响,因为法官和诉讼代理人通常都是受过训练的法学家。然而,在德意志地区,习惯法没有被法典化,诉讼代理人开始在诉讼文书当中引用罗马法来支持其论证,未受过训练的陪审员觉得很难处理这些精细的法律论证。他们要么向当地受过法律训练的官员求助,要么向当地大学的法学院教授求助。这些法学家很乐意在此时运用他们关于"学问法"(gelehrtes Recht)的专业知识。他们坚持认为,不成文习惯

第四章 罗马法和民族国家

法必须得到严格的证明才能适用,而且,如果习惯法显得不合理,也可以拒绝适用。非常值得注意的是,在萨克森,习惯法非常例外地被写成成文形式,罗马法在当地的影响小于其他地方。从整体上来讲,罗马法的影响在债法领域最为强烈,尤其是合同法,因为习惯法只是零星涉及合同法。

当"卷宗发送"(Aktenversendung)变得很平常之后,请求当地大学法学院提供建议的做法变成了一项制度。案件的完整书面记录被发送给法学院,请求法学院给出集体意见。对于这项意见,法院认为自己有义务遵从。人们相信,教授们不仅具有更好的法律专业知识,而且可以站在完全公正的立场上处理案件。在十六和十七世纪的动荡时期里,当地法院的法官很乐意通过这种方法来处理案件,因为即便判决不得人心,责任也不在他们。这种做法通过帝国刑法获得了官方的鼓励,这部帝国刑法就是皇帝查理五世于1532年公布的《加洛林纳刑法典》(Carolina)。该法的最后一条(第219条)要求,没有学习过帝国法或者没有帝国法经验的法官在有疑问时应从最近的大学、城市或者其他法律知识来源寻求建议。因此,起草这样的法律意见成了德意志地区法学院的一项主要活动。它为法学学术和法律实践提供了接触的机会,不过这个好处有时候也会被教授的教学和研究质量的下降所抵消。

罗马法在十六世纪早期在德意志地区被继受的容易程度和速度是令人惊讶的。其原因主要是实践方面的,但是当时的学术氛围也是有利于继受罗马法的。文艺复兴的标志是对古代古典时期遗产的兴趣,这种兴趣在德国非常浓厚。尤其是极具影响力的弗莱堡城市委员会书记员察修斯推动了人文主义理念在法律方面的发展。德国人文主义学者并不把自己隔绝于法律实践,这正好与法国的人文主义学者相反。然而,不可避免的是,被继受的法律必须处于一种法院可以接受的实践形式,这意味着所继受的更多的是"意大利风格"(mos italicus)而不是"高卢风格"(mos gallicus)。

这个过程当中的一个重要因素是神圣罗马帝国的持续影响力。神圣罗马帝国的皇帝们认识到,《市民法大全》当中的帝国法已经成为欧洲大多数地区的"共同法"(ius commune),如果被普遍采用的话,可以成为他们统一各个领土范围的因素。他们喜欢"帝国转移"(translatio imperii)的观念,也就是说帝国的权力从古罗马转移到德意志。据说这是有正式记载的,伊内流斯(Irnerius,他的名字可能是 Werner 的一个变体)劝说十二世纪的皇帝洛塔尔(Lothar)把罗马法作为自己的法律,以便帝国可以变成"德意志民族的神圣罗马帝国"。关于洛塔尔皇帝的这个传说被赫尔曼·康林(Hermann Conring)于1643年出版的《论日耳曼法的起源》(De origine iuris Germanici)推翻。

虽然存在支持皇帝绝对权力的罗马法文本,而且王侯的政府所雇佣的官僚们也会引用这些文本,但这显然不会减少德意志王侯们对罗马法的喜爱。罗马法提供了建立官僚制国家的方法,王侯们可以通过官僚制国家来防止强大的封建领主独立。在整个欧洲,人们逐渐不再把法律视为一套传统习惯法规则,而是越来越将其视为以王侯名义公布并由其辖区最高法院解释的立法。

神圣罗马帝国的最高法院是"帝国最高法院"(Reichskammergericht)。皇帝和主要王侯的利益冲突本应在帝国最高法院当中得到平衡。它管辖的案件主要是上诉案件。1495年,为了保证十六名法官可以代表不同权力群体的利益,帝国最高法院进行了改革。其中一半的法官必须至少是骑士身份,另一半的法官必须是受过训练的法学家。1548年之后,其全部成员都必须是受过训练的法学家。该法院使用罗马-教会法诉讼程序,并且必须"根据帝国的普通法,正确、值得尊重并且被认可的秩序、规范和习惯"作出判决。

在实践中,证明不成文的当地习惯法总是很困难的,在该法院以自己的判决为基础建立自己的法庭习惯法之前,有一种持续的压力促使他们采用罗马法规则作为整个帝国的共同法或者"普通法"(gemeines Recht)。

罗马法在德意志地区的继受并非没有阻力。十六世纪的社会动荡表现为诸如1524—1525年发生的农民战争(Bauernkrieg)之类的动乱。随着社会的动荡,人们开始抱怨担任官职的法学家,因为他们是国家权力最显而易见的代表。在某种程度上讲,这种攻击并不是特别针对市民法法学家的,而只是表达了人们对法学家的一般看法:法学家是既得利益者的堡垒,改革的反对者。当莎士比亚描述1450年英格兰的杰克·凯德叛乱(Jack Cade's Rebellion)时,他让凯德的同谋说:"我们要做的第一件事是,杀掉所有的法学家。"(Henry VI, Part 2, IV.2)然而,在德国,市民法法学家就像是暴发户,从事着外行不能理解的业务并享受着丰厚的薪金。旧风俗的消失也被认为与他们有关。诉讼程序改革和宗教改革的开始在时间上的重叠意味着,市民法和教会法(两者都源自罗马)被视为外来品,它们阻碍了圣经当中所表述的真正的上帝法。

就像在意大利和法兰西那样,德意志地区的法学家也有社会地位上的要求,他们坚持认为,法律博士就是"法律骑士"(milites legum),地位等同于军事上的骑士。人们认为,他们不希望和平解决争议,而是希望激起双方当事人的对立;对于对方提出的任何主张,他们都可以找到相反的主张(无论多么牵强),而且对于职业法院提供的不断增加的上诉机会,他们会充分加以利用。他们被视为富人的帮手,富人可以为他们的服务支付费用并因此无限期地拖延诉讼程序。他们同时被视为穷人的祸星,穷人通常只能雇得起那些受过半桶水训练、油腔滑调、自诩有学问的冒牌货。作为一个阶层,法学家被视为没有道德原则的坏基督徒(Juristen böse Christen)。民间流传着很多故事,说圣彼得如何徒劳地在天堂的门口等待法学家出现。对法学家最广为流传的抨击可见于乌尔里希·冯·胡滕(Ulrich von Hutten)于1521年撰写的对话录《掠夺者》(Praedones)。在这部作品中,法学家被描绘成堕落、卑劣的骗子,大多具有外国出身,因而不了解德意志的生活方式,要对德意志的一切不幸负责。

尽管存在这些控诉与愤怒,但时光不能倒流。市民法法学家已经找到了自己的位置并扎下根来。经过早期的一些摇摆不定之后,那些有影响力的人,比如,菲利普·梅兰希顿(Philip Melanchthon),开始赞扬罗马法的优点。他说,罗马法超越了狭隘的"派系主义"

(factionalism),是维护和平与秩序的唯一公正无私的法律。

第九节 法院实践作为一种法源

当各法院的法官全部由职业法学家担任之后,各法院对其适用的法律当中的市民法要素和习惯法要素有了更加清楚的认识。人们认识到,每一个法院都有它自己的实践,这些实践构成了"法院习惯"(usus fori),这些法院习惯的证据只能在法院的判决当中寻找。因此,诉讼当事人需要查阅这些判决,尤其是那些"有判决理由"的判决,也就是说,在这些判决当中法院会说明判决的理由以及它所遵从的权威。在欧洲,作出这种判决名气最大的法院是"罗马洛塔法院"(Rota Romana)。这个法院不仅仅是罗马天主教会各国的上诉法院,而且也审理罗马教皇国发生的世俗纠纷。洛塔法院从十四世纪开始公布判决报告,当时洛塔法院在阿维尼翁(Avignon)。第一位判决报告人是一名英格兰法官,叫作托马斯·法斯托夫(Thomas Fastolf),他非常熟悉英格兰通过《年鉴》(year-books)记录法庭诉讼的做法。

第四章　罗马法和民族国家

在世俗法院不给出附理由的判决的情况下,个别法官会自己收集判决,在挑选之后进行公布,也可能将其出版。居伊·帕普(Guy Pape)是格勒诺布尔(Grenoble)的多菲内高等法院(Parlement de Dauphiné)的法官,他编纂了一部该法院的判决汇编,该汇编在他去世之后于1490年出版。多菲内主要是成文法(droit écrit)地区,帕普的汇编引用了市民法和教会法的文本及其评注作品。最早的意大利世俗法院判决汇编是阿弗利克提斯的马泰乌斯(Matthaeus de Afflictis)编纂的于1499年出版的《那不勒斯神圣国王审判委员会判决》(Decisiones Sacri Regii Consilii Neapolitani)。

帝国最高法院的判决是不附"判决理由"的,曾担任该法院法官的约阿希姆·明辛格(Joachim Mynsinger)于1563年出版了《四百件帝国最高法院判决详鉴》(singularium observationum iudicii imperialis camerae centuriae quattuor),在该书当中,他在所选的案例中解释了法院的判决理由,起初这引起了他的法官同事们的不快。他实际上是想通过该书来证明,尽管这些判决书没有说明判决理由,但是实际上参考了最好的共同法著作。他这么做的目的是提高法院的声誉。

优士丁尼明确提出的市民法格言是,"判决不应根据先例而是应根据法律作出"（non exemplis sed legibus iudicandum）（C. 7.45.13）；法官应当解释法律而不应仅仅遵从先例。早期的判决报告主要引用市民法的权威，有时候也可以看出法官在炫耀他们关于"学问法"（gelehrtes Recht）的知识。不过，在十六世纪末，判决报告通常会引用法院早期的判决作为先例，其中隐含的意思是，尽管法院不受这些先例的约束，但是一般都会遵从它们。法院习惯是每个法院自己确立的，通过该法院的法官或者诉讼代理人所收集的判决报告可以得到证明。这些法院习惯展现了习惯法和罗马法元素的精密结合。

在一个特定的地区，什么事情可以适用罗马法，什么事情不可以适用罗马法，可以对这样的问题作出权威性说明的唯一机构是该地区的最高法院。将判决报告用于此目的的一部重要作品是菲利贝尔·比尼翁（Philibert Bugnyon）的《法兰西王国的所有法院、邦国、司法管辖区、统治区当中被废除和不被使用的罗马法律》（Legum abrogatarum et inusitatarum in omnibus curiis terris iurisdictionibus et dominiis regni Franciae, 1563）。该书按地区说明没有被接受的市民法文本。

此时，在同一个地区当中会存在"共同法"（ius commune）和"法院习惯"（usus fori）的区分。这在有争议的案件当中会引起证明责任的问题。是不是说,只要不能证明共同法被法院拒绝适用,它就是可以适用的法律?还是说,只有证明它被法院接受才能说它是可以适用的法律?在十七世纪的德意志著作当中,这个问题引起了激烈的争论。争论的基础是巴托鲁斯学派的评注作品。争论的核心问题是,这样的习惯是否应当被视为事实,是否应当像事实那样去证明。约翰·希尔特(Johan Schilter)在他的《日耳曼法院中的罗马法实践》(Praxis iuris Romani in foro Germanico)(首次出版于1675年)当中,提出了一条中间的道路:"今天,对我们来说,罗马法的全部力量和精神在于它适于被适用。"继受罗马法的结果是:如果与案件相关并且当地制定法或者习惯法没有相反的规定,共同法就应当被适用。在没有相反的法庭实践的情况下,诉讼代理人应当引用恰当的市民法文本去支持法院审理案件。

第十节 市民法与自然法

市民法以共同法的形式在法庭实践中得到适用,同时市民法也继续构成基督教文献传统的一部分。基督教文献传统是市民法、教会法和神学的混合体。一些前所未有的问题在十六世纪显露出来,必须在这种法律思想背景当中面对这些问题。其中最迫切的问题之一是关于西班牙在新大陆统治的原住民的身份问题。弗兰西斯科·维多利亚(Franciscus Vitoria)是一个多明我会修士,萨拉曼卡(Salamanca)的神学教授,他在《关于印第安人的思考》(Relectiones de Indis)一书当中探讨了这个问题,该书写于1532年。

截至目前,学者们的法律共同体仅限于皇帝和教皇双重统治下的基督教国家。教皇亚历山大六世(Alexander VI)于1493年声称有权将新发现的土地在西班牙和葡萄牙之间分配,维多利亚不同意教皇的这个主张。他认为,皇帝不能有效地主张对整个世界的统治权,教皇的世俗统治权也不能延伸至异教徒。在罗马法文本当中,"万民法"(ius gentium)是指所有民族共同分享的法。维多利亚认为,罗马法文本当中的万民法也应当被理解为"民族之间的法"(ius inter gentes),也就是说规制各民族之间关系的一套规则。这种法的基础不是各民族分享的宗教信仰,而是人类的本性。因为在《法学阶梯》(1.21)当中,万民法被定义为自然理性在所有民族当中确立的法律。因此,在维多利亚看来,西班牙和其新获得的领土之间的关系必须受这种民族之间的一般法调整。

第四章　罗马法和民族国家

有一种观点也是基于罗马法提出的,即认为这些土地是"无主物"(res nullius),不属于任何人所有,因此可以被先占。维多利亚也不同意这种观点。相反,他认为,根据自然法,当地的印第安人对其土地享有完全的所有权,尽管他们是异教徒。理由在于,即使是异教徒也不会丧失其所有权。在民族之间适用的自然法允许西班牙人自由地旅行并从事贸易,但是不允许西班牙人违背印第安人的意志剥夺其土地或者攻击他们,即使他们不愿意变成基督徒(因而处于极度罪恶的状态)。

维多利亚对新大陆原住民权利的捍卫主要基于正义和德性,但是他的关键观点主要源自罗马法的观念。他的观点被他在萨拉曼卡(Salamanca)的后继者多明我会修士多梅尼科·索托(Domenico Soto)、既是市民法法学家也是教会法学家的塞戈维亚(Segovia)主教迪亚戈·科瓦鲁维亚斯(Diego Covarruvias)、耶稣会会士弗朗西斯科·苏亚雷斯(Francisco Suarez)进一步发展。尤其是苏亚雷斯,他的专著《论法律》(De Legibus)于1612年出版,是西班牙新经院哲学学派最精致的作品。他认为,自然法的约束力基础是理性而不是上帝的意志(II.6),但他也指出,在实践中,理性的指示可能会根据情况而变化(II.14.12)。苏亚雷斯反对巴托鲁斯学派的如下观点:统治者是人民的代表,只能根据人民的意志享有权力。在他看来,人民对统治者的权力转让是绝对的、不可撤销的(III.4)。从逻辑上来讲,统治者必须是不受法律约束的(legibus solutus),甚至也不受他自己制定的法律的约束。亚里士多德方法与罗马法的结合始于阿奎那,这些西班牙新经院哲学家对其进行了进一步的发展。这使得他们可以得出一些一般原理,比如,关于合同责任的原理。这些一般原理对后来的作者产生了巨大的影响。然而,他们的观点对于新大陆殖民地的实践却没有太大影响。

后来的作者继续把罗马法文本当中的一般原则与明显只属于狭义市民法的内容分离开来。一般原则被等同于自然法和万民法,其中的一些在原始文本当中的确与"自然理性"相联系。由于一个有德性的人应当根据自然原则来行事,这些原则被认为不仅可以一般性地作为法律规则适用,也可以作为人的道德原则来适用。

在自然法和万民法的语境中,《学说汇纂》最后一个标题(D. 50.17)当中收录的法律格言被赋予了新的意义。比如,任何人都不应当通过损害他人而受益(206);任何人转让给他人的权利都不能优于他自己所享有的权利(54);行使自己的权利的人不被视为不诚实(55);因自己的过错遭受损失的人不被视为遭受了损失(203);在同等情况下,占有人必须被视为更有优势的一方(128)。许多这样的言辞是古典法学家在为他们的具体结论进行说理时使用的,后来被从其相关背景中抽离出来转化成了一般格言。这样,它们表达了无须论证的真理。就像在英国法上介绍一个观点时使用"it stands to reason that"(如下观点是符合理性的:……)那样,它们被认为是不证自明的。那些希望把法律描述为一种理性的学问的人很看重这些格言,因为它们可以被作为一般原则来使用,从这些一般原则可以推导出具体的规则。它们提供了一个现成的宝库,道德哲学家们可以从中提取出有持续数百年的权威支持的定理。

第十一节 市民法与国际法

就像维多利亚所建议的那样,在十六世纪迅速成长的民族国家要求发展出一套国际公法[ius inter gentes(民族之间的法)]。然而,宗教改革对基督徒共同体产生的分裂效果意味着这样一种法律必须和神学分离。在所有欧洲国家当中,外交在传统上是由市民法法学家负责的,他们可以以共同认可的一套法律观念为基础相互进行磋商。第一个写作国家间关系的法律著作的人是定居在英格兰的意大利巴托鲁斯学派学者,他就是阿尔贝里科·贞提利(Alberico Gentili)。

1584年,西班牙派去伊丽莎白女王宫廷的大使门多萨(Don Bernadino de Mendoza)被证明牵涉了一桩密谋。密谋的内容是从监狱中释放苏格兰女王玛丽(Mary),并让其当英格兰女王。枢密院想要处罚门多萨,于是就相关的法律情况咨询贞提利。他建议说,根据市民法,大使的刑事豁免权可以使其免除任何此类处罚。最后,门多萨只是被驱逐出境。过后不久贞提利就出版了第一本专门论述国际法特定主题的著作《论使臣》(De legationibus)。在这部著作中,贞提利探讨了从古罗马时期开始的使臣实践,尤其是关于国际关系的罗马法——《外交祭司团法》(ius fetiale)。他讨论了《市民法大全》当中的文本,不过他很仔细地区分市民法、自然法和万民法。他认为国际法建立在万民法的基础之上。1587年,伊丽莎白女王任命贞提利为牛津的市民法"钦定教席"教授,在接下来的几年当中,他写了一些关于战争法的论文,这些论文一起于1598年在哈瑙(Hanau)以《论战争法三卷》(De iure belli, lib. III.)为书名出版。贞提利就这样开始了把国际法创造为一门独立的、以市民法素材为基础的学科的进程。这个进程由晚一代的格劳秀斯来完成。

第十二节　荷兰的理论与实践

低地国家(今天的荷兰和比利时)在十五世纪是勃艮第公爵领地的一部分,在十六世纪由哈布斯堡家族的查理五世(Charles V)统治,他同时是勃艮第公爵和西班牙国王,也是德意志皇帝。十六世纪下半叶的标志事件是一系列针对西班牙统治者的起义以及北方七省的最终脱离。这七省在1579年组成乌得勒支同盟(Union von Utrecht)。每个省保留自己的法院和法律,不过荷兰省(Holland)是领导者,荷兰省生产的财富超过同盟各省的一半。阿姆斯特丹取代安特卫普成为主要贸易中心,所有莱茵河谷的贸易都在这里进行,其商人最终在世界商业当中占据了最重要的地位。

甚至在正式独立之前,荷兰省的莱顿(Leiden)在1575年就已经建立了北方各省的第一所大学。这是为了给新教徒提供一种平衡力量,因为荷兰(Netherlands)南部天主教地区已经有了鲁汶大学。在那里,就像在西班牙一样,任何看起来会威胁到传统秩序的思想都会受到宗教审讯的压制。从一开始,莱顿大学的法学院就在大学中被赋予重要地位。在正式的建校入场仪式当中,主办方让一些人扮演重要的人和物进场,紧跟在《圣经》和四福音书传道者后面的就是四位罗马法学家:尤里安、帕比尼安、乌尔比安和特里波尼安。

荷兰省之外的主要省份也不甘落后,弗里斯兰省(Friesland)的弗拉讷克(Franeker)(1585)、格罗宁根(Groningen)(1614)、乌得勒支(Utrecht)(1636),海尔德兰省(Gelderlan)的哈尔德韦克(Hardewijk)(1648)纷纷建立了有法学院的大学。同盟各省的法律主要是由荷兰教授(尤其是莱顿的教授)以及各省高级法院[尤其是荷兰省的高级法院(Hooge Raad)]的法官创设的。他们把法律科学和法律实践结合在一起,使得荷兰法学在十七世纪成了欧洲法学的领跑者,正如法兰西在十六世纪那样。

莱顿大学建校不久就吸引了法国新教徒、人文主义学者雨果·多诺鲁斯,他在逃离法国之后到莱顿大学任教(从1579年至1587年),他的继任者是埃弗拉德·布隆霍斯特(Everard Bronchorst),后者是在德国的大学接受的教育。荷兰的大学里法律授课的基调就是他定下的。他融合了所谓的"优雅的"(elegant)和"实践的"(forensic)法律方法,实际上是"高卢风格"

第四章 罗马法和民族国家

和"意大利风格"的适当结合。学生的培养目标是为法庭实践做好准备,但是他们首先应当懂得全部法律的基本原理。

布隆霍斯特强调法学生在开始学业之时学习基本法律原理的重要性,这些基本法律原理可以在《学说汇纂》的最后一个标题(D. 50.17)和《法学阶梯》当中找到。对他而言,《学说汇纂》(D. 50.17)当中的"规则"(regulae)是法律的首要原理,相当于辩证法学者的准则、几何学者的《难题》(Problemata)、医生的箴言。"它们以简短的篇幅涵括了法律的广阔海洋中被充分讨论过的所有问题,并且提供了一个关于普遍法的总索引。"法庭辩护技能是通过"辩论课"(disputationes)来传授的,在这种课上学生可以参考巴托鲁斯传统的评注作品。

莱顿大学法学院最伟大的学生是胡果·格劳秀斯(Hugo Grotius,1583—1645),他是个神童,十一岁就进入该法学院学习。尽管没有直接受教于多诺鲁斯,但他肯定受到多诺鲁斯的授课的影响。他在奥尔良结束学业,在那里获得了博士头衔。因为卷入一场有政治意味的神学争论,他被投进监狱,然后利用这些被迫得来的闲暇时间用荷兰语写作了一本《荷兰法学导论》(Inleidinge tot de Hollandsche rechtsgeleerdheit),该书最终于1631年出版。在该书中,格劳秀斯把荷兰法视为一个独立的体系。它不再仅仅是市民法的附属物,而是日耳曼习惯、罗马法和新制定法的混合。这些新的制定法此时不能再像地方制定法(statutum)那样被进行尽可能狭义地解释。虽然遵从多诺鲁斯的传统,但是格劳秀斯仅仅论述实体法,而不涉及诉讼法。为了能维持《法学阶梯》的三分法,他把法律分为人、物、债三个部分。在摆脱囚禁之后,格劳秀斯作为政治避难者度过余生,主要是在法兰西,他在那里担任瑞典大使。

1625年,格劳秀斯在巴黎出版了他最著名的著作——《论战争与和平法》(De iure belli ac pacis)。在这部著作当中,他遵从了苏亚雷斯和贞提利所勾画的想法,坚定地把国际法建立在某种自然法的基础之上,这种自然法源自人的自然本性,完全独立于市民法。这种法的基本原则是公理式的、不证自明的。格劳秀斯说,在发展其法律观念时,他从每一个特定的事实抽象出自己的思想,就像数学家从物体抽象出来数字那样(prolegomena,58)。自然法的规则可以通过两种方法得出:一种是"先验的"(a priori),即根据基本原则进行逻辑推理的方法;另一种是"后天的"(a posteriori),即观察实践当中所有文明人类共同的法律规则。

第四章 罗马法和民族国家

因为如果一项规则在任何地方都被认可为法律,这就很好地证明了它起源于全人类所分享的自然理性。格劳秀斯更喜欢后一种方法,并通过大量示例来说明自然法的规定。自然理性规定的内容通常被发现正是优士丁尼的文本当中陈述的内容或者可以从中推论出来的内容。

格劳秀斯的著作大量引用市民法文本,引用的目的是支持他认为属于自然法的规则。格劳秀斯强调,自然法不是上帝命令的,因为就像他指出的那样,即便我们不承认存在上帝或者上帝不关心人类事务,自然法也可以存在(prolegmena, II; 1.1.10.5)。通过这种方式,罗马法当中关于无主物先占的规则被用于对新领土的征服,罗马合同法被用于国际条约。自然法被描述为罗马市民法的延伸或者完美形态。罗马市民法不认为所有的允诺都有约束力,但是在自然法中,每一项严肃的允诺都是有约束力的,因此,条约一旦被签订就必须遵守。这项格言是"契约应当被遵守"(pacta sunt servanda)。

与格劳秀斯同时代的阿诺尔德·维尼乌斯(Arnold Vinnius)在莱顿大学学习并留校担任教授。正是他把荷兰法律科学建成了结合罗马法、习惯法和自然法要素的混合体。维尼乌斯以大部头的优士丁尼《法学阶梯》评注而著称,该评注声称兼具学术性和实务性。该评注于1642年出版,他把主流法国人文主义学者[比如居亚斯(Cuiacius)和霍特曼(Hotman)]的观念和注释法学家、巴托鲁斯学派法学家以及更新近的德国法庭实践解释者[比如明辛格(Mynsinger)]的思想结合在一起。此外,尽管该书的目的是阐述优士丁尼的《法学阶梯》,但也参考了荷兰的法律实践,引用荷兰南部梅赫伦高等法院(Großen Rates con Mechelen)的判决汇编。维尼乌斯也利用了格劳秀斯的《荷兰法学导论》(Inleidinge)和《论战争与和平法》。维尼乌斯的著作具有百科全书式的特点,并且使用了大家熟悉的"法学阶梯体系",这使得该书直到十八世纪末仍然被用作参考书。维尼乌斯也出版了一本解释《法学阶梯》的简短著作——《注解》(Notae),该书仅仅面向学生。该书的目标是严格按照人文主义观念来解释《法学阶梯》,但是很少参考实践。一百年后,这本简短版的《注解》受到英格兰的曼斯菲尔德勋爵(Lord Mansfield)推荐,他认为该书对于受过教育的人来讲是最好的罗马法导论。后来成为美国第二任总统的约翰·亚当斯(John Adams)在哈佛学院(Harvard College)念书时也读过该书。

维尼乌斯是一个折中的作者,他一方面想要把罗

第四章 罗马法和民族国家

马市民法呈现为源自自然的普遍法基本概念的源泉,而另一方面又想把它呈现为法律实践的源泉。其他作者的精力更多地集中在同盟各省的法律上,并指出这些法律在多大程度上不同于纯粹的市民法。西蒙·格鲁内维亨·范德马德(Simon Groenewegen van der Made)检阅了整部《市民法大全》并仔细地标明在实践当中被拒绝采用或者被忽略的文本。根据法国人菲利贝尔·比尼翁(Philibert Bugnyon)一百多年前的模式,他把他的研究结果发表在一部关于不适用的法律的著作当中,即《关于被废除以及在荷兰及邻近地区不被适用的罗马法律》(De legibus abrogatis et inusitatis in Hollandia vicinisque regionibus, Leiden 1649)。1664年,与他同时代的西蒙·范莱文(Simon van Leeuwen)出版了《关于最新法律的简要评注:关于罗马-荷兰法的简要概述》(Paratitula iuris novissimi, dat is Een kort begrip van het Rooms-Hollandts Reght)一书。该书创造了"罗马-荷兰法"这一名称,使得同盟各省及其殖民地的法律由此闻名。

至于私法的核心领域,十七世纪荷兰法学派的著作被另一位莱顿教授约翰内斯·沃特(Johannes Voet)以杰出的风格综合到他的《潘德克顿评注》(Commentarius ad Pandectas)中去,该书分两卷分别在1698年和 1704 年出版。尽管他遵从了《学说汇纂》的标题顺序,但是在每个标题下对素材的安排有很大的不同。他首先解释罗马法,然后再解释现代法,并对相关的权威文献进行了充分的引用。自然法也有提到,主要来自格劳秀斯的观点,但占的篇幅较小。

最有创新精神的罗马-荷兰法学家可能是乌尔里希·胡贝尔(Ulrich Huber),他不属于荷兰省,而是属于弗里斯兰省(Friesland)。在该省,罗马市民法被接受的程度高于其他省。在《论市民法三卷》(De iure civitatis lib. III,1672)一书当中,他主要利用罗马法素材建立了国家法这个学科,并称之为"关于普遍公法的新学科"。在 1678—1690 年之间出版的《市民法讲座》(Praelectiones iuris civilis)一书中,他又是利用罗马法素材创造了冲突法这个现代学科,以解决涉及不同私法秩序发生冲突的案件。在《当代法学》(Heedendaegse Rechtsgeleertheyd,1698)一书当中,他以格劳秀斯的《荷兰法学导论》为基础,并参考了弗里斯兰(Frisian)的法律实践,综合论述了当代法的问题。在该书中,他利用大量的细节把法律紧密地与其社会环境联系在一起。

这些荷兰大师在整个欧洲声名远扬的表现是,他们的主要著作在十七世纪晚期和十八世纪出现大量的外国版本。布隆霍斯特关于法律规则的评注在德国、法国和荷兰南部出版了十四版。维尼乌斯对《法学阶梯》的评注在里昂仅仅从1666年到1777年就出版了九版,在威尼斯从1712年到1804年出版了十二版,在那不勒斯出版了三版,在瓦伦西亚出版了五版,还有西班牙语译本(1846—1847年出版于巴塞罗那)。沃特的《潘德克顿评注》在法国、德国、意大利和日内瓦出版了十七版,还有一个六卷版的意大利译本(1837—1840年出版于威尼斯)。

十七世纪末期,罗马市民法渗透进北欧的新教文化当中,就像它之前已经构成天主教欧洲文化的一部分那样。为了使罗马市民法的主要内容(尤其是《法学阶梯》)通俗易懂以及为了帮助学生记忆而设计的短篇概要大量出现,就证明了这一点。有一些作者还用格言甚至诗歌的方式来表达。由于《学说汇纂》篇幅巨大,需要采用不同的方法,有人尝试利用图像的效果去传播其中包含的知识。约翰内斯·布诺(Johannes Buno)的《罗马市民法记忆手册》(Memoriale iuris civilis romani)于1673年在汉堡出版,是其中最具雄心的,该书用详细的铜版画来说明《学说汇纂》所有各卷的主题。第二年,布诺又为《法典》《新律》和《封地法书》出版了类似的一本书。在弗里斯兰省有着制作瓷砖画的传统,斯伯兰·费特马(Sybrant Feytema)在十七世纪八十年代制作了一系列的瓷砖画,用以阐释《学说汇纂》各个标题的内容,每块瓷砖都标记着相关标题的序号。就像布诺的铜版画那样,这些瓷砖画并没有试图在古罗马原本的背景当中描绘法律素材,而是直接用十七世纪晚期大家熟悉的世界作为背景,人物的服装、武器和房屋很显然是北欧的。

参 考 文 献

第三章末引用的著作:A. Watson, *The Making of the Civil Law*, Cambridge, Mass. 1981; H. Coing, *Europäisches Privatrecht, 1500—1800*, Munich 1985。

4.1. Bartolo da Sassoferrato, *Studi e documenti per il VI Centenario*, Milan 1962; P. Stein, "Bartolus, the Conflict of Laws and the Roman law," in *Multum non Multa: Festschrift K. Lipstein*, ed. P. Feuerstein and C. Parry, Heidelberg 1980 (= *Character* 83); G. Vismara, "La revoca del testamento giurato nella dottrina da Guglielmo Durante a Bartolo da Sassoferrato," in *Etudes du droit canonique dediées à G. Le Bras*, Paris 1965, II. 1007.

4.2. D. Maffei, *Gli inizi dell'umanesimo giuridico*, Milan 1956.

4.3. P. Stein, "Legal Humanism and Legal Science," *TvR*, 54(1986), 297 (= *Character*, 91); D. Osler, "Budaeus and Roman law," *Ius Commune* 13 (1985), 195; S. Rowan, *Ul-*

rich Zasius. A Jurist in the German Renaissance, Ius Commune Sonderhefte 31, Frankfurt 1987; J. L. Ferrary, "Aymar Du Rivail et ses 'Historiae iuris civilis et pontificii libri quinque'," *Bulletin de la Société Nationale des Antiquaires de France* (1992), 116; D. R. Kelley, *Foundations of Modern Historical Scholarship: Language, Law and History in the French Renaissance*, New York 1970; D. R. Kelley, *François Hotman*, Princeton, N. J. 1972.

4.4. J. P. Dawson, "The Codification of the French customs," *Michigan Law Review*, 38 (1940), 780; J. Q. Whitman, "The Seigneurs Descend to the Rank of Creditors," *Yale Journal of Law and the Humanities*, 6 (1994), 249.

4.5. P. Stein, "Donellus and the Origins of the Modern Civil Law," in *Mélanges F. Wubbe*, Fribourg 1993, 439; D. van der Merwe, "Ramus, Mental Habits and Legal Science," in *Essays on the History of Law*, ed. D. P. Visser, Cape Town 1989, 32.

4.6. D. Panizza, *Alberico Gentili, giurista ideologo nell' Inghilterra elisabettiana*, Padua 1981.

4.7. P. Stein, "The Influence of Roman Law on the Law of Scotland," *Juridical Review* (1963), 205 (= *Character*, 319); *The Civilian Tradition and Scots Law*, ed. D. L. Carey Millar and R. Zimmermann, Berlin 1997; R. Zimmermann, "Der europäische Character des englischen Rechts," *Zeitschrift für Europäisches Privatrecht*, 1 (1993), 4; R. H. Helmholz, *Roman Canon Law in Reformation England*, Cambridge 1990.

4.8. J. P. Dawson, *The Oracles of the Law*, ch. 3, Ann Arbor, Mich. 1968; W. Kunkel, "The Reception of Roman law in Germany: an interpretation," in *Pre-Reformation Germany*, ed. G. Strauss, London 1972; G. Strauss, *Law, Resistance and the State: The Opposition to Roman Law in Reformation Germany*, Princeton 1986.

4.9. *Judicial Records, Law Reports and the Growth of Case Law*, ed. J. H. Baker, Berlin 1989; P. Stein, "Civil Law Reports and the Case of San Marino," in *Römisches Recht in der europäischen Tradition: Symposion F. Wieacker*, ed. O. Behrends, M. Diesselhorst and W. E. Voss, Ebelsbach 1985, 323 (= *Character*, 115).

4.10. *La seconda Scolastica nella formazione del diritto privato moderno*, ed. P. Grossi (Per la storia del pensiero giuridico moderno), Florence 1973; A. P. D'Entrèves, *Natural Law: An Introduction to Legal Philosophy*, 2nd edn, London 1970.

4.11. K.-H. Ziegler, *Völkerrechtsgeschichte*, Munich 1994.

4.12. *Das römische-hollandische Recht: Fortschritte des Civilrechts im 17. und 18. Jahrhundert*, ed. R. Feenstra and R. Zimmermann, Berlin 1992; R. Feenstra and C. J. D. Waal, *Seventeenth-century Leiden Law Professors*, Amsterdam 1975; G. C. J. J. Van den Bergh, *The Life and Work of Gerard Noodt (1647—1725): Dutch Legal Scholarship between Humanism and Enlightenment*, Oxford, 1988; J. E. Spruit, *Le droit romain, sujet d'une decoration murale du 17e siècle*, Arnhem 1989.

第五章

罗马法与法典化

第一节　罗马法与各国法

1648年,一本由英格兰市民法学者亚瑟·达克(Arthur Duck)撰写的《论罗马市民法在基督教王侯领地内的适用与权威》(De usu et authoritate iuris civilis Romanorum in dominiis principum Christianorum)出版。该书准确地描述了市民法在欧洲不同国家被接受的程度。达克煞费苦心地去呈现这些国家关于法的本质的共同观念。他说,如果想要寻找的不仅仅是哪些习惯法具有效力,而是公平正义,那么没有哪个国家的法律比罗马市民法更适合,它包含了关于合同、遗嘱、不法行为、判决和全部人类行为的最丰富的规则。

在不同国家的法律中,市民法成分的确切含量各不相同。就像判决汇编所表明的那样,法院习惯(usus fori)长期反映了罗马市民法和当地习惯法的独特混合。另外,大学的教学总是以市民法为中心而忽略习惯法元素。到十七世纪中叶,各大学不得不考虑罗马法在当地的适用方式。这意味着,各法学院必须认识到罗马法与当地法的结合。维克雄纽斯(Michael Wexionius)是芬兰图尔库[Åbo(Turku)]大学的教授,当时芬兰是瑞典王国的一部分。他于1650年出版了一本介绍罗马-瑞典市民法(iuris civilis Sveco-Romani)的著作。然而,就像我们已经看到的那样,荷兰的教授最热衷于发展本国法。在西蒙·范莱文(Simon van Leeuwen)于1664年出版的著作中,荷兰法被称为罗马-荷兰法,因为它有两个来源:罗马法源和荷兰法源。

在德意志各邦当中,就像在荷兰那样,十七世纪的学者也开始努力去确定一部特别的德意志版本的罗马法。格奥尔格·亚当·斯特鲁维(Georg Adam Struve)在1670年出版的《源自实践的罗马-日耳曼法学》(Jurisprudentia Romano-Germanica Forensis)一书中尝试进行了综合。差不多在同一时间,奥地利学者尼科劳斯·冯·贝克曼(Nicholaus von Beckmann)出版了《最新的罗马-日耳曼法》(Ius novissimum Romano-Germanicum,1676)一书。然而,到了十八世纪,日耳曼作者普遍放弃综合,并开始强调各国法中罗马法因素、日耳曼习惯法因素以及(尤其是在奥地利各省)制定法因素的不同特点。一旦罗马法因素和本国法因素被区分开来,就有人开始完全基于日耳曼法律渊源寻求"日耳曼共同法"(ius germanicum commune),因此,罗马法的外来法身份被凸显出来。除了利用"法学阶梯体系"作为一种共同的论述形式之外,日耳曼法的著作不会提到罗马法,甚至也不会把它当作一种用来填补漏洞的辅助性法律。

约翰·戈特利布·海内克丘斯(Johann Gottlieb Heineccius,1681-1741)是作品流传最广的德国法学家之一。他是一位罗马法学者,受到晚期罗马-荷兰法学者的影响,但是他拒绝采用他们倾向于将罗马法和本国法综合起来的处理方法,他更喜欢纯古代研究的方法。他的《罗马古物体系》(Antiquitatum Romanarum Syntagma)在1719年首次出版,后来出到第二十版。该书利用了很多古代资料的罕见细节来例证各种罗马法制度的功能,该书的内容是根据优士丁尼《法学阶梯》的顺序来安排的。不过,该书并没有想要表明这些制度在优士丁尼之后是如何发展的,或者它们跟当代法有何联系。这并不是因为海内克丘斯对当代法不感兴趣,因为他也分别出版了当代市民法、德国法和自然法的基础书籍。这些学科都变成了独立的体系。

在法兰西,部分是因为习惯法地区和成文法地区的区别,习惯法在传统上与罗马法保持分离。将各种不同的习惯法成文化的运动使得它们被固定下来,有人开始尝试根据巴黎的习惯法来确定习惯法的共同核心,因为巴黎的习惯法与南方罗马化的习惯法有所不同。1679年,路易十四在各大学设立了法国法"钦定教席",该教席的教授要用本国语而不是拉丁语来授课。他们倾向于以当地最有影响力的习惯法为基础讲解一般化的法律,不过也会考虑已经被相关地区法院接受的罗马法,这些罗马法的元素尤其体现在债法中。

从1667年到1681年之间,路易十四的大臣让·巴普蒂斯特·柯尔贝尔(Jean Baptiste Colbert),下令编纂一系列小型法典,以国王法令的形式适用于整个王国,用于抵消因各地习惯法不同产生的离心效果。这些法典涉及的是罗马法影响最小的领域:民事诉讼程序(多诺鲁斯已经说明程序法应与实体法区分开来)、刑法和刑事诉讼程序以及商法。

《学说汇纂》仅仅在第47卷和第48卷当中涉及刑法,内容非常有限,这两卷被优士丁尼称为"恐怖的卷"(libri terribiles)。然而,在十七世纪,利用这两卷的方式非常需要改革。商法在罗马法文本当中有着很重要的地位,但是在中世纪并没有得到很好的发展。商人不喜欢把他们的争议提交给当地法院审理,而是倾向于交给由商人同行组成的不具备国家强制力的委员会来审理。这些委员会在各个城镇的定期集市或者商人聚集的港口城镇处理事务。这样,商人共同发展出了一套跨越国界的商事习惯。柯尔贝尔聘用了一个成功的商人雅克·萨瓦里(Jacuqes Savary)起草《商事法令》(Ordonnance de commerce, 1673)。这部法令以传统商事习惯法为基础,几乎包含了一套商人之间从事商行为的完整规则。1681年,又补充了一部关于海商的法令。此后,法国商人不管在哪个地区都遵从统一的法律,这些法律开始被视为商事交易规则的权威,不仅仅在法兰西,而且在欧洲的其他地方(包括英格兰)也是如此。

这些国王法令对市民法的核心领域(也就是优士丁尼《法学阶梯》所处理的主题)没有重大的影响,也基本上不会影响到习惯法,只是确定了习惯法的界限。它们的官方目的是将诉讼程序、刑法和商法从市民法当中抽离,并在此程度上精准地限定了市民法的范围。

在西班牙,各个地区仍然保持自己的法律。直到十八世纪,一部全国性的法律仍然只是一个梦。就像在法兰西那样,巴黎的习惯法获得优于其他地区习惯法的地位,卡斯蒂利亚(Castille)的法律(以《七部法典》和1567年的《新法汇编》为基础)逐渐变成了整个西班牙的全国性法律(derecho patrio)。在1713年,卡斯蒂利亚市议会规定,大学应停止讲授罗马法,并以本国法取而代之,不过教授们拒绝执行这部法令。1741

年,该市议会颁布了一部新法令,允许罗马法(考虑到它的巨大价值)和本国法一起被讲授。

标准的教科书是阿诺尔德·维尼乌斯(Arnold Vinnius)的《〈法学阶梯〉评注》。该书在两个方面进行了修改:其一,删除了在宗教审讯当中被认定为违法的注释,比如涉及婚姻的一些部分;其二,增加了关于西班牙法的注释。胡安·萨拉(Juan Sala)为西班牙学生编写了一部《修订版维尼乌斯》(Vinnius castigatus, Valencia 1767),他声称这个版本可以同时满足这两个目标。该书的卷首插画描绘的情景是:正义女神用左手把优士丁尼《法学阶梯》交给神圣罗马帝国皇帝,用右手把《七部法典》交给西班牙国王。

第二节 成熟的自然法

十七世纪晚期,市民法以自然法的形式进一步发展。在这个世纪的早期,整个欧洲都受到战争的蹂躏,人们渴望一部超越人类激情与仇恨的公正的法律。许多作者感觉到,只要罗马法的内容可以从其形式桎梏中解脱出来,它就可以满足这个需要。莱布尼茨(G. W. Leibniz)是一位数学家、法学家和哲学家,他在《学习和讲授法学的新方法》(Nova Methodus discendae docendaeque Jurisprudentiae，1667）一书中主张，与自然相适应的法律论述顺序必须是几何学的。它必须从首要真理出发，它必须从这些真理得出直接的结论，并且从结论再到结论，达到一个纯逻辑的体系。他认为，罗马法学家的具体解决方案因为其推理能力而无与伦比，但是优士丁尼的汇编具有某些缺陷。后者包含了太多多余的、有瑕疵的、模糊的、混乱的东西。因此，莱布尼茨投入了大量的精力去编写一部《市民法大全重编》（Corpus iuris reconcinnatum），以一种更有逻辑的顺序来重新编排文本。

有时候，从优士丁尼的文本中摘录出来的句子会被视为一般真理，甚至可以运用于非法律的领域。莱布尼茨自己也喜欢在讨论伦理问题时引用这样的句子。比如，在他的《万民法典》（Codex iuris gentium，1693）一书的前言中写道：

> 从自然的严格限定中得出的法律原理，对人类而言是一个巨大的研究领域。但是，法律和正义的概念，即便已经有很多杰出的人做过研究，仍然没有达到足够清晰的程度。权利是一种道德的可能性，义务是一种道德的必要性。"道德的"这个词，我是用来指对于一个好人而言自然的事情。

> 因为,就像一个罗马法学家所说的那样,我们应该相信,我们没有能力去做违背良好道德的事情。(*Political Writings*, trans. P. Riley, Cambridge 1972,170—171)

这是一个奇怪的观点,因为显然我们认为我们有能力做违背德性的事情。莱布尼茨所引用的这个法学家是帕比尼安,所引用的文本是 D. 28. 7. 15。该文本原本所涉及的法律问题是关于一项遗嘱的。在该遗嘱当中,立遗嘱人将其儿子指定为继承人,但附有一个条件。法律的原则是:这样的条件只有在这个儿子有能力实现的情况下才是有效的;如果指定继承人所附带的条件是不可能实现的,那么指定继承人的行为就会被视为无效,因此整个遗嘱都会无效。帕比尼安所处理的问题是:如果要求儿子去做一些不道德的事情,这样的条件是否有效。帕比尼安认为,这样的条件与一项该儿子没有能力实现的条件一样,会使得这个遗嘱无效。他用如下话语来解释他的决断:"我们不应该认为我们有能力去做那些损害我们的虔诚、名誉和谦逊的事情。正如我可以一般地说,我们不应该认为,我们有能力去做违背良好道德的事情。"

帕比尼安的考虑是,法律不应该禁止一项行为同时又把这项行为作为满足某项条件的手段。居亚斯正是在这个意义上解释他的这个文本的,比如,居亚斯说,这句话是"一句配得上基督徒的话"(Lib. XVI Quaestionum Pap. Comment., Opera Omnia 1614, IV. 346)。然而,在十七世纪的智识氛围下,像帕比尼安这样的法学家,尽管是异教徒,也会被视为法律恒久不变的道德价值的维护者。在他拒绝宽恕卡拉卡拉皇帝对其兄弟的谋杀时,他因为自己的信念而遭受不幸,因此诗人安德烈亚斯·格里菲乌斯(Andreas Gryphius)于1659年将帕比尼安塑造为一部道德剧《宽宏大量的法律学者或濒临死亡的埃米利乌斯·保罗·帕比尼安》的英雄。

自然法和道德哲学的等同得到了萨缪尔·普芬道夫(Samuel Pufendorf)的确认。他于1661年在海德堡大学哲学系获得了第一个自然法和万民法教席,这标志着自然法被正式承认为一门独立的学科。与格劳秀斯不一样的是,普芬道夫坚持自然法独特的基督教特征并且将其重心从自然权利转移到自然义务。前一个世纪的人文主义体系论者们从西塞罗提出的要把市民法转变成一门科学的建议中获得了灵感,普芬道夫也从西塞罗的《论义务》(De officiis)当中获得了范本。他的主要著作是一部大部头的关于自然法和万民法的著作名为《论自然法与万民法》(De iure naturae et gentium),但是他的普遍影响力是通过短篇通俗作品《论人和市民的自然法义务》(De officio hominis et civis iuxta legem naturalem,1673)而获得的。在这部作品当中,他抛弃了熟悉的"法学阶梯体系",尽管仍然保留了罗马法的分类,但已经将其以不同的顺序来安排。

首先论述的是人作为人的义务,普芬道夫认为,在使人成为社会和理性的存在时,上帝为其创造了一部自然法。这部自然法在福音书中被表述为爱上帝和像爱自己一样爱自己的邻居的训谕。因此,人作为人有三项基本的义务:对上帝的义务、对自己的义务以及对他人的义务。它们构成了首要原则,所有的具体规则逻辑上都应遵从这些首要原则。人对他人的首要义务是因对他人的允诺而产生的债务,然后是对于他人财产的义务以及因涉及财产的合同所产生的义务,尤其是买卖合同。作为一个市民,人的义务来自他所属的集体,集体的规模小到家庭,大到国家。从家庭中产生的关系是丈夫和妻子、父母和子女、主人和仆人(在前工业社会,仆人更多地被视为家庭成员而不是雇佣合同的主体)的关系。

法兰西学者让·多玛(Jean Domat)在《自然秩序中的市民法》(Les lois civiles dans leur ordre naturel,

1689—1694)一书中继续积极地探寻一种用几何学的方法从基督教原理推导出来的自然秩序。多玛认为:"社会的秩序在各个领域都是通过约定来维持的,上帝通过约定把人联系在一起。这种秩序可以通过继承制度永远维持下去,继承制度要求特定的人取代死者的位置去继承可以转移给继承人的一切事物。"在一开头,他论述了可适用于整个私法领域的特定原则。这些原则源自《学说汇纂》开头的段落(D.1.1.10):不应伤害他人,应把每个人应得的东西交给他们。

关于人法和物法,他只是简单地描述人和物的各种不同类型,也就是人和物在自然中的类型以及在市民法中的类型。然后,私法的其他部分被分为债(约定)和继承两大主题。债的形成可以是自愿的也可以是非自愿的。前一种债不仅包括合同之债,还包括源自用益权和地役权的债。后一种债包括侵权之债。自然法学家把罗马法中不同类型的侵权行为提炼为如下一般原则:人有责任赔偿因其故意或者过失给他人造成的全部损失。然而,非自愿之债也包括被优士丁尼的《法学阶梯》归为准合同的个人义务。它们实质上是所有不能被归为合同、侵权或者准侵权门类下的个人义务,包括监护人对被监护人的义务以及共同所有人相互之间的义务,它们之前是被归为人法或者财产法的。多玛把那些对债具有补充性作用的法律制度也归为债的门类下,比如,物的担保和人的担保、占有以及时效制度。私法的另一主要部分——继承,则没有出人意料,处理遗嘱、无遗嘱继承和其他死因处分制度,比如遗产信托(fideicommissa)。奇怪的是,多玛的体系在德国比在法国更受欢迎,可以说是后来的潘德克顿体系以及《德国民法典》体系的先驱。

在十八世纪上半叶,自然法甚至变得更加抽象,被理解为一系列从人的理性和社会本质出发进行的逻辑推论。其中最杰出的倡导者是德国的克里斯蒂安·托马修斯(Christian Thomasius, 1655—1728)和克里斯蒂安·沃尔夫(Christian Wolff, 1679—1754)。托马修斯贬低罗马法的作用,认为《学说汇纂》只有不到二十分之一的内容在德国的法院中得到适用,而且这些具有实践意义的内容实质上源自自然法。托马修斯强烈批评了法律和道德界限不清的现象,并认为自然法为开明的统治者提供"建议"(consilia),而统治者可以为自然法规则补充法律的强制性要素。另外,沃尔夫采用类似数学的方法创造了一个详尽的自然法体系,作为一个道德义务的体系,所有道德义务都是理性地从一般道德原则中推导出来的,是社会中每一个人都应当履行的(Ius naturae methodo scientifica pertractatum, 8 parts

1740—1748)。

第三节　法典化运动

十八世纪,罗马市民法卷入了启蒙运动的伟大思潮中。理性主义的自然法哲学宣称,一套完整的法律体系可以被简明、理性地陈述,同时还可以消除现有的复杂问题,而制定这样一套法律体系唯一需要的就是王侯的意志。统治者们想要巩固其在其不同领地的权力,但每个领地适用的法律都是罗马法和习惯法不同程度的混合体,制定一部统一的法典被视为统一这些地区的一种手段。他们也把法典化作为限制法院独立权力的一种方法,因为各法院的法官经常代表各地区贵族的固有利益。此外,重商主义者也催促王侯们进行法典化,因为他们认为,法律多样性阻碍了商业的发展,统一的法律将会使其受益。

十八世纪的法典化理念不仅仅意味着把现有的规则按照清晰的、体系化的顺序编成一个文本。法典的目标通常是用符合时代需要的新法来替代已经过时的旧规则。然而,在考虑哪些旧法应当保留、哪些旧法应当抛弃的问题时,法典化运动使人们意识到法律当中各种元素的不同起源。起初,罗马市民法在法典起草者的心目中占据了显著的地位,但是随着时间的推进,其持久的重要性开始遭受质疑。罗马市民法逐渐不再被视为不受时间影响的共同法或自然法,而是更多地被视为古代社会的法律,其制定的时代与启蒙时期是非常不一样的。

十八世纪晚期对罗马法的态度因孟德斯鸠的《论法的精神》(De l'esprit des lois,1748)一书大获成功而受到影响。孟德斯鸠质疑自然法的这种抽象和理性的形式。在这种形式中,罗马法元素被大量排除。但是他的观点也不能使法典起草者更多地去参考罗马法。他的著作以这个无须质疑的考察结论开头:法律一般而言是"因事物的本质而产生的必然关系",人类的法律是运用理性的结果。然而,他接着指出,理性必须被用于事物的本质,事物的本质在不同的社会中是不一样的。法律不可能是普遍适用的,它必须与特定社会中主流的气候、经济、传统、习俗及宗教等相适应。这些因素一起构成该社会的"法的精神",立法者忽略这些因素就可能会导致危险发生。孟德斯鸠用了很多罗马法的例子来说明他的观点,但是他的绝大多数读者肯定会得出这样的结论:罗马法反映的是一个古代社会的精神,与当时的社会有着显著的差异。

第五章 罗马法与法典化

第四节 德意志地区的法典化

将一国的法律进行法典化的最早尝试发生在德语地区。最早完成的一系列法典是巴伐利亚公国的法典,这是克莱特迈尔(W. X. A. von Kreittmayr)一个人的杰作,他是巴伐利亚选帝侯马克西·约瑟夫三世(Max Joseph III.)的总理大臣。他先制定了一部刑法典和一部民事诉讼法典,然后在 1756 年制定了一部民法典——《巴伐利亚马克西米利安民法典》(Codex Maximilianeus Bavaricus civilis)。这是一部实践性的法律,用清晰的德语写成,自然法理论的痕迹不多。它根据熟悉的"法学阶梯体系"制定出了共同法的巴伐利亚变体,顺便也解决一些共同法上的争议问题。

普鲁士和奥地利的法典则是经过多次商议形成的产物。早在 1714 年,普鲁士国王腓特烈·威廉一世(Friedrich Wilhelm I.)继承仍处于分散状态的领地的王位时,就委托哈雷(Halle)大学法学院在三个月内准备一部明白易懂的私法法典草案。哈雷大学法学院当时的主要成员是克里斯蒂安·托马修斯(Christian Thomasius)。这个项目没有被执行,腓特烈·威廉一世把精力用到了别的地方,不过二十四年之后,他委托他的司法部长萨缪尔·冯·科克采伊(Samuel von Cocceji)起草一部新的法典草案。和托马修斯不一样的是,科克采伊热衷于罗马法,他试图维护罗马法的优先地位,不过当时流行的观点正好与他相反。在公众的心里,冗长的审判以及法院作出的明显武断的判决跟律师和法官接受的罗马法训练密切相关。

腓特烈大帝在1740年继承了他父亲腓特烈·威廉一世的王位,他决定制定一部用德语书写的,主要基于"自然理性和本国特点"的法典,罗马法只有在不冲突的时候才会适用。主要的起草者是卡尔·戈特利布·苏亚雷斯(Carl Gottlieb Suarez),他和克里斯蒂安·沃尔夫有着同样的观点:统治者的职责是领导他的臣民拥有完美、理性的生活,在这种生活当中,他们将会是一个好人、一个好市民。普鲁士法典因此要具有教育的功能,而且由于是面向普通人的,所以必须全面、清晰、确定。

《普鲁士普通邦法》(Allgemeines Landrecht)的最终文本于1794年颁布,篇幅非常庞大。在结构上,该法典大概采用了普芬道夫关于人作为个人和作为群体成员的区分,群体从家庭到社会阶层,再到国家。该法典包含大约1.9万条,除了私法之外,还涉及公法、刑

第五章 罗马法与法典化

法、封建法、教会法和商法,并企图管控通常被认为不适合通过法律进行规制的领域,比如,丈夫和妻子之间的私密关系。罗马法的影响主要在财产法领域。

奥地利各省较为分散,每一个省都有自己的行政系统和法院系统,统一法律的需要非常迫切。皇帝卡尔六世(Karl VI)发起制定了一部统一的无遗嘱继承法即《无遗嘱继承新规》(Neue Satz-und Ordnung vom Erbrecht ausser Testament),该法主要以优士丁尼法为基础。该法于1727年至1747年之间在上奥地利和下奥地利实施。卡尔的继承者玛丽亚·特蕾莎(Maria Teresa)想要制定内容更加广泛的法典。1753年,她发布了一项起草一部普通私法典的指令,要求该法典不考虑特殊群体或阶层的权利,以"共同法"(ius commune)为基础,并利用理性法对其加以修正和完善。

第一个草案,即1766年的《特蕾莎法典》(Codex Theresianus),是各省传统法律的折中,掺杂着习惯法和罗马法不同比例的混合。该法典草案共有8367个条文,虽然用本国语言写成,但其素材是按照罗马法的分类来安排的。该草案同时受到保守派和改革派的双重攻击。保守派不愿意放弃他们的地方特权,并且觉得草案走得太远;改革派则认为它走得还不够远。改革派的批评集中在罗马法元素上,他们认为,罗马法元素使得该法典草案显得过时。以考尼茨亲王为代表的改革派主张,新法典的目标应该是排除模糊、相互矛盾的法律,不管它们是源自罗马法还是习惯法,并且用全新的"现代"法去取代它们。

在那个时代的知识浪潮中,现代法是指自然法。奥地利自然法的首要提倡者是卡尔·安通·冯·马尔蒂尼(Karl Anton von Martini),而他很清楚,完全抛弃罗马法无异于把婴儿和洗澡水一起倒掉:

> 罗马市民法绝大部分是由自然法构成的。如果根据自然法的戒律来将其缺陷补充完善,并解释清楚其模糊的文本,就可以避免一切错误。一些罗马法规则是武断的,还有一些是与理性相悖的。只有自然法学说才能教我们如何从必要的规则当中识别出武断的规则,并改善那些违背理性的规则。(Lehrbegriff des Natur-Staats-und Völkerrechts, Wien 1783, §228)

罗马私法的一个重要特征是很少在自由人之间区分不同的社会身份,与十八世纪的法律体系相比,社会分化没有那么严重。因此,尽管人们拒绝罗马法本身,

第五章 罗马法与法典化

但是罗马法的一些观念仍然可以穿上自然法的外衣被重新引入。

修订《特蕾莎法典》草案的工作断断续续地进行着,在它公布二十年之后,修订者们完成了一部篇幅只有原来四分之一的简单版本,该版本发送到各省议会和各大学征求意见。收到的答复意见主要是:关于理性法对中央政府权力的限制,法典应作出更多的规定。马尔蒂尼在两个观点之间作出了艰难的折中。其中一种观点认为,统治者不受法律的约束,有权制定其认为合适的任何法律。另一种观点认为,自然法本身包含了任何立法者都不能超越的限制。

接下来,弗朗茨·冯·蔡勒(Franz von Zeiller)接替了马尔蒂尼作为起草委员会负责人的位置。蔡勒起草了一部有 1502 个条文的法典,该法典最终于 1812 年生效。在康德的影响下,蔡勒对道德和法进行了区分,抛弃了认为一套普遍接受的道德原则可以被制定为法律的观念,并将其法典限定在法律上。他制定的法典是罗马法(作为不变的理性原则的表达)和国家的特别需要之间的一种实践性的折中。蔡勒的法典到现在还有效,只是经过了一些修订。

第五节 波蒂埃和《法国民法典》

法典化运动最著名的产物不像普鲁士和奥地利的法典那样经过那么长时间的酝酿。民法典的制定是法国大革命的目标之一,而那些提倡制定法国民法典的人原先的目标正好跟腓特烈大帝的目标相反。他们希望能扫清支撑古制(ancien régime)的法律结构,并用一部能表达自由、平等和博爱精神的简短的法典来替代它。拿破仑于1799年上台时,宪法大会已经否决了两份草案。拿破仑任命了一个四人委员会(其中两人来自习惯法地区,另两人来自成文法地区),负责起草一部民法典,要融合这两种体系的最佳要素。

幸运的是,《法国民法典》的起草者手头上有非常有用的工具——罗伯特·约瑟夫·波蒂埃(Robert Joseph Pothier, 1699—1772)的著作。他是奥尔良的一名世袭法官,他显然受到了古制的熏陶,是反对革命的。他已经为起草一部民法典做了大量具体的预备工作,因为当他年轻的时候,他就立志要把罗马法和习惯法整合进一个理性的、便于使用的秩序中去。他从优士丁尼的《学说汇纂》入手,保留了原先的标题,但是

第五章 罗马法与法典化

按照一种逻辑秩序把所有的片段都重新安排到每一个标题之下。他为每一个标题写了导论以及把各个片段链接在一起的连接段落。波蒂埃主要关心的是古代罗马法,不过他把这些文本当作是普遍有效的理性原则的示例。当他处理到关于一般规则的最后一个标题时,他把规则的数量从优士丁尼的211项增加到了960项,并且把它们安排在五个小标题下:一般规则、适用于人的规则、适用于物的规则、适用于诉讼的规则以及公法规则。他认为,这个标题下的内容可以"作为整部《学说汇纂》的通用索引"。波蒂埃的劳动成果在1748—1752年之间出版,这些成果的出版使其获得了国际声誉。

此时,他被任命为奥尔良大学的法国法"钦定教席"教授,研究重心开始从用拉丁语讲解的罗马法转向用法语讲解的习惯法。他在《奥尔良习惯》(Coutumes d'Orléans, 1761)一书中,继续完成迪穆兰的未竟事业,整理习惯法。通过比较奥尔良的习惯法和其他主要习惯法,他实际上完成了法国习惯法的一般性介绍。然后,他从一般理论转向特别领域,写作了一系列关于私法各个主要部分的著作,把罗马法和习惯法因素结合在一起。其中最著名的是《债法论》(Traité des Obligations),该书的素材主要来自罗马法。在该书中,他总是用示例来说明抽象规则在实践中的运作。波蒂埃的《债法论》很快被翻译成其他语言,成了十九世纪整个欧洲关于专门法律题材的著作的典范。

《法国民法典》于1804年颁布,它涉及的内容是"法学阶梯体系"所包含的市民法内容,但不包括王室法令所涉及的主题。因此必须通过另外四部法典来补充,即《民事诉讼法典》《刑法典》《刑事诉讼法典》和《商法典》。《法国民法典》的起草者们大量参考了波蒂埃的著作,尤其是在债法领域,同时也参考了多玛的著作,但参考的程度相对较小。不可否认,在《法国民法典》中也存在习惯法因素,比如"占有相当于所有权"(possesion vaut titre)的推定原则。但是源自罗马法的条文占多数,这些条文以类似《法学阶梯》的体系进行安排。条文采用清晰、简洁的语言来表达,普通人也可以理解。条文共分为三编,每编的篇幅不一样。第一编的内容是人,第二编是物(尤其是所有权和限制物权)。第三编超过1500个条文(总条文数是2281条),表面上是处理"取得所有权的各种不同方式",实际上包含了所有不适合放到前面两编的规则。尽管细节上有些修订,但是《法国民法典》直到今天仍然有效。

第六节　萨维尼与德国历史法学派

到十八世纪末期,一个不带情感因素的观察者肯定会认为,罗马法在欧洲法律思想中已经不再具有生命力。当然,罗马法术语会永久沉淀在道德哲学、政治讨论以及国际外交之中。比如,1789年托马斯·杰斐逊(Thomas Jefferson)从巴黎写信给在美国的詹姆斯·麦迪逊(James Madison),极力主张每一代人都应该对美国宪法进行修改,他的理由是,很显然,"地球的用益权由生活在地球上的人享有"(the earth belongs in usufruct to the living)。"用益权"(usufructus)是罗马法的术语,而不是普通法学家所使用的术语,但是杰斐逊认为,各地受过教育的人都可以理解它。

在传统上,罗马法被视为法律观念的源泉,然而,罗马法的这种功能因为法典的制定而丧失,而且,即使在法律还没有法典化的地方,罗马法也通常被视为已经过时和没有意义,不符合时代潮流。大概是在这个时候,歌德(J. W. Goethe)提出一个论断:罗马法就像是一只鸭子;有时候它在水面上游来游去,引人注目;但有时候它又潜到水底下去,躲起来不让人看见;不过,它总是存在的。事实上,正在罗马法似乎已经变成了一个单纯的古代研究科目的时候,它突然间获得了新生。

罗马法在十九世纪早期的戏剧性复兴与人们对法典化以及法典化所蕴含的法律观念的抵制有关。罗马法复兴的发展史从爱德华·吉本(Edward Gibbon)的《罗马帝国的衰亡》(*Decline and Fall of the Roman Empire*)一书开始,该书第一卷于1776年出版。在第四十四章中,吉本提出:"一个民族的法律是该民族历史当中最富有教益的部分。"(The laws of a nation form the most instructive portion of ist history)然后,他开始考察"从《十二表法》到优士丁尼之间近千年的发展"。他把这一千年区分为三个时期,每一个时期都是以一种特定的法律发展类型为标志。最重要的是位于中间的古典时期。哥廷根的罗马法教授古斯塔夫·胡果(Gustav Hugo)把这一章翻译成了德文,他发现吉本没有采用主流的古代研究方法,而是采用了孟德斯鸠的方法,即将法律制度和特定社会的环境关联起来。

通过这种方法来观察罗马法,可以发现,法律发展的主要动力不是立法,而是法学家之间的争论。胡果通过主张"制定法不是法律真理的唯一源泉"来挑战当时的主流学说。对于胡果及其同道而言,可以作为典范的不是优士丁尼作为立法者所制定的法律,而是公元二世纪的法律,那时候皇帝显然是让法学家们通过争论以及出具权威法律意见的方式来掌控法律发展。因此,主要负责制定法律的人正是法学家。

弗里德里希·卡尔·冯·萨维尼(Friedrich Karl von Savigny,1779—1861)及其建立的德国历史法学派以胡果为榜样。该学派的宣言是萨维尼于1814年发表的小册子——《论我们的时代关于立法和法学的使命》(Vom Beruf unsrer Zeit für Gesetzgebung und Rechtswissenschaft)。写作这本小册子的目的是回应蒂堡(A. F. J. Thibaut)提出的要为所有德意志国家制定一部共同的民法典的提议。蒂堡认为,这部民法典将在法律上统一所有的德意志国家,就像《法国民法典》统一法国法那样。

萨维尼争论说,法律不像自然法学家所说的那样,是纯粹的理性建构,而是某个特定社会的传统和精神的产物。每一个民族的制度,比如其语言和法律,反映了该民族的特点,而且会随着社会的变化而变化。对于法律发展而言,立法是一种过于生硬的工具。在社会的早期阶段应当通过习惯和实践来发展法律,而在社会变得更加发达之后,则应当通过法学家的争论来发展法律。法律是"通过内在的、潜移默化的运作力量形成的,而不是通过立法者的武断形成的"。在一个社会的早期,还没有足够的技术将法律制定成法典的形式;在一个社会的衰落期,则缺乏制定法典的专业技能。唯一可能制定法典的时期是社会发展的中期,这时候民众的参与程度最高,专业技术也处于一个较高水平。但这种专业技术不是掌握在立法者手里,而是掌握在专业法学家手里。然而,正是因为这些因素,这样的一个时代不需要一部法典。

萨维尼描述的法律发展范式显然是把关于罗马法史的一种观点进行一般化的结果。这种观点认为,共和国时期的法律仍欠发达,而优士丁尼的法律则是一个衰落社会的产物,古典时期才是成熟时期。尽管古典罗马法学家之间也有很多争议,但萨维尼忽视这些材料,还是认为古典法学家们并不愿意从事争辩,他们的著作所体现的个性远比其他专业的著作要少;"他们所有人仿佛同心协力进行着同一项伟大的事业"。他们的整个研究方式具有像数学那样的确定性。因此,他们可以在引入新制度的同时不抛弃旧制度:是"稳定性与进步性原则的审慎融合"。

萨维尼并没有寻求将其关于法律发展的观念适用于所有社会,而是仅仅适用于"高贵的民族",对他而言,罗马民族和日耳曼民族显然属于这一行列。然而,

第五章　罗马法与法典化

将其持续性历史发展的观念运用到日耳曼法律史上却存在困难,因为无法解释日耳曼法因继受罗马法而引起的中断。萨维尼解决这一难题的方式是,不将其视为中断,而是把它视为内在必然性的结果。对于日耳曼民族而言,在十六世纪除了继受罗马法之外别无选择。罗马法不是某个民族的法律,而是超越民族的法律。他宣称,罗马法就像宗教和文学那样,不能被视为某个民族的专属财产。

萨维尼的观念不仅在德意志受到热烈欢迎,而且在那些出于各种原因对立法改革和法典化犹豫不决的欧洲国家也受到了热烈的欢迎。其追随者所阐述的"民族精神"(Volksgeist)概念具有某种神秘性。孟德斯鸠所提出的"某一社会的法律精神"的概念更具理性,也没有这种神秘性。但是这种神秘性却非常适合十九世纪早期的浪漫主义。不过,一些德意志学者并不信服萨维尼就罗马法的继受所作的说明。在日耳曼民族主义的驱使下,他们认为"普通法"(gemeines Recht)是外国法。普通法是"共同法"(ius commune)的一个版本,当时仍然适用于除普鲁士和奥地利之外的大多数日耳曼国家。

在十九世纪四十年代,德意志历史法学派分为两个群体:罗马法学者和日耳曼法学者。这两个群体各自都带有强烈的情感。对于日耳曼法学者而言,罗马法是外来法,它就像病毒一样感染纯粹的日耳曼法并阻碍其生长。法律史学者海因里希·布鲁纳(Heinrich Brunner)把罗马法在十二、十三世纪对布莱克顿(Bracton)和博马努瓦(Beaumanoir)的影响比喻为"一种免疫接种",这使得英国法和法国法后来可以避免完全继受罗马法。英国法律史学者梅特兰(F. W. Maitland)对探寻日耳曼习惯法根源的日耳曼法学者表示同情,并这样描述他们的工作:"古日耳曼法的每一残片和片段都会被爱惜地进行科学复原并编订。只要是日耳曼的元素就会被刨根究底。在这个持久的努力当中,其动力……不是热衷于古代事物的学究气,也不是纯粹的好奇心。尽管这里涉及科学,但爱同样参与其中。"

另一方面,罗马法学者在萨维尼本人的领导下同时进行两件事情:其一,清除掺杂其中的堕落的非罗马因素以使罗马法纯净化;其二,提炼出罗马法文本当中所包含的普遍原则。萨维尼的首要任务是复原最精确的优士丁尼文本,并记录它们从中世纪到他所在的时代所发生的变迁。萨维尼以其里程碑式的著作《中世纪罗马法史》(Die Geschichte des römischen Rechts im Mittelalter)作为此项任务的基础。为了写这套书,他自己把欧洲几乎所有重要图书馆中的抄本都进行了研究。该书以丰富的细节揭示了罗马法文本在黑暗年代的幸存情况以及罗马法研究在十二世纪的复活情况。历史法学派的追随者们把对他们有利的一个意外发现视为一个重要事件,这个事件正好发生在萨维尼开创历史法学派的时候。这个事件就是尼布尔于1816年在维罗纳大教堂图书馆发现了盖尤斯的《法学阶梯》原本。对古典罗马法的探索因为这个发现而减少了对优士丁尼文本的依赖。

第七节 潘德克顿法学与《德国民法典》

德意志的罗马法学者没有兴趣通过评注法学家或者荷兰法学派的著作来追寻罗马法被调整以适应当时社会需要的道路。在复兴的人文主义精神的影响下,他们试图揭示罗马法文本当中所蕴含的内在理论结构。萨维尼的榜样是十六世纪晚期的人文主义学者雨果·多诺鲁斯(Hugo Donellus)。在确立其学术声誉的早期著作——《论占有》(Das Recht des Besitzes, 1803)一书中,萨维尼在前言中声称,多诺鲁斯是唯一一位具有罗马法学术所要求的清晰视野的早期法学家。以一些不仅要求物理控制而且要求占有人有特定意图的文本为基础,萨维尼认为占有的核心原则是,它是人类意志的一种表示。他重新整理了罗马法关于占有的文本,以此来例证这项原则。

十九世纪德意志法学家研究罗马法文本的方法开始被称为潘德克顿法学。潘德克顿法学从那些把法律视为一种法律数学的自然法学家那里获得了不少启发。萨维尼希望能够证明,从《学说汇纂》发展出来的科学概念可以用来解决当前的问题。

德意志在十九世纪上半叶所面临的最严重的社会问题是农民的地位问题,此时需要把他们从封建主义的沉重负担中解放出来。根据"共同法"(ius commune)的德意志版本,农民被视为"隶农"(coloni)。在晚期罗马法中,"隶农"(coloni)是被束缚在土地上的佃户,是中世纪农奴的前身。萨维尼指出,隶农这个概念是罗马法衰落时期的产物,不应被用作十九世纪农民的典范。相反,在真正的(古典的)罗马法中,"coloni"曾经指自由的农户,这个版本才是法学应当复原的更好的典范。

萨维尼希望卸下罗马法为了适应封建关系而背上的包袱。就像多诺鲁斯所表明的那样,区分所有权的概念,即领主的"直接所有权"(dominium directum)和

第五章 罗马法与法典化

封臣的"扩用所有权"(dominium utile),在真正的罗马法中根本就不存在。但是,如果领主和封臣不分享"所有权"(dominium),那么如何描述他们各自的权利呢?罗马法的役权概念,或者土地负担概念,可以用来描述两者的权利。因为役权包括人役权和地役权。主要的人役权是用益权,即终生享用土地的权利,它被用作封臣利益的典范已经很长时间,只是它有一个特殊的地方——它是可继承的。如果领主被视为所有权人,那么封臣就可以被视为一种永久性的土地用益权人。然而,此时有人持有这样的观点:把封臣视为所有权人更符合封建关系的现状,在此情况下,领主的剩余权利更像是一种地役权,比如,土地的通行权。这项类比的意义在于,地役权可以因时效而消灭。如果通行权人不去行使它,或者如果土地所有权人阻断通行道路而通行权人在一定的时间之内不采取任何行动,那么该土地就会免除通行权的负担。因此就打开了如下观念的大门:通过时效制度,封臣可以通过类似的方式从封建负担中获得解脱。

学者们试图通过对纯粹罗马法的研究找到解决德意志社会问题的方法,而无须求助于立法改革,但是这种研究在法官和法律实践者当中仅获得了有限的成功。他们需要的是可以为他们想做的事情(也就是说把农民从封建负担中解放出来)提供正当理由的严格的法律论据,但是历史法学派通过学术理论发展进行的改革进展得不够快。改革的需要非常迫切,最终在1848年革命之后,正式通过立法解放了农民。

萨维尼制定的探寻罗马法核心原理的纲领从关于占有的专著开始,然后在其《当代罗马法体系》(System des heutigen römischen Rechts, 1840—1849)中扩展到私法的全部领域,该书的书名可谓意味深长。对于萨维尼而言,其历史研究和潘德克顿法学之间不存在矛盾;它们表现的是同一现象的两面。然而,对他的追随者而言,潘德克顿法学的历史元素变得更少,而理性元素变得更多。到1850年前后,非常清楚的是,如果罗马法要在当时的德意志保持重要性,那么它必须被重新改造。就像萨维尼在其《当代罗马法体系》中描述的那样,罗马法可以为人类意志提供最大的自由,但是当时的社会氛围不需要这样的罗马法,而是需要可以表达资产阶级社会唯物主义价值的罗马法。

从十九世纪中期开始,德意志法显然不可避免地朝着法典化的方向迈进,而起草法典的是学者们,解释并适用法典的则是法官们。适用于整个德意志的商法典在1861年颁布,但其基础不是罗马法,而是商人的实践惯例,这些实践惯例曾在十七世纪促进了法国商事法令的颁布。赤裸裸的事实是,罗马法虽然为各方当事人提供了很大的塑造交易的自由,但并不涉及现代商业生活中的复杂法律机制。经济史学者马克斯·韦伯(Max Weber)指出了如下事实:尽管罗马私法具有自由主义的本质,但当代资本主义的特色法律制度无一源自罗马法。作为示例,他列举了年金债券、不记名有价证券、股票、汇票、(现代资本主义形式的)商贸公司、(作为资本投资的)抵押以及直接代理。

罗马法学者此时将其精力集中在民法典的内容上。他们认识到,罗马法的贡献应当呈现为法律原则的提炼形式,这种形式可以被吸收进一部适合商业导向型社会的法典中去。为此目的,罗马法必须清除那些非工业社会的特征,并强调那些鼓励商人的特点。然而,由于新法典的内容是以潘德克顿法学为基础制定的,因此罗马法学者可以声称,该法典是与政治无关的、中立的法律,并且作为该法典的倡导者,他们是超越政治的。

十九世纪下半叶最杰出的两位德意志罗马法学者是鲁道夫·冯·耶林(Rudolf von Jhering)和伯恩哈特·温德沙伊德(Bernhard Windscheid),他们生活的年代几乎一致,都是于1892年去世。耶林喜欢用讽刺的手法,他嘲笑主流潘德克顿法学过分强调概念,而不考虑其法律后果的做法。在其三卷本的经典之作《罗马法精神》(Der Geist des römischen Rechts,第一卷于1852年出版)中,他写道:

> 对逻辑的崇拜,使得法学变成了法律数学,这是一项错误,它源自对法律的误解。不是生活为了概念而存在,而是概念为了生活而存在。应当存在的不是逻辑,而是生活、社会关系、法感所要求的东西——逻辑必然性或者逻辑不可能性是不重要的。(II. -2, Einl. 69)

耶林认为,罗马法的基础不像自然法学者所主张的那样是道德原则,而是经济需要;其指导性原则是利己主义。耶林并没有完全反对把民族特点作为法律的一项决定因素。对于法律的成长而言,理想的特征是保守和进步的力量之间的平衡,可以使法律缓慢但确定地发展。他把古罗马和英格兰作为具有这种平衡特征的示例。在这方面他不得不指出:"不幸的是,存在太多与之相反的例子。"(Einl. 2.25)然而,耶林不同意历史法学派把民族精神作为法律的一项决定性因素的看法。他认为,罗马法观念在德意志法中的主导地位与这种看法无法兼容。确切地说,进步民族的特征

第五章　罗马法与法典化

是其从外界吸收观念和制度的能力,就像罗马人用万民法规则来补充市民法规则那样。他的结论是,进步的法律的标志不是民族性而是普遍性。

1857年,耶林创办了一份研究期刊《当代罗马私法与德意志私法教义学年鉴》(Jahrbücher für die Dogmatik des heutigen römischen und deutschen Privatrechts),并发表了极具影响力的文章,其宗旨是表明罗马法处理现代问题的潜能。就像他在创刊号中所宣布的那样,其口号是"经由罗马法,超越罗马法"。一个重要的示例是耶林自己关于缔约过失(culpa in contrahendo)的论文。他用《学说汇纂》中的一些文本建立了一个精巧的理论,根据该理论,即便没有合同存在,仍然可以成立合同责任。

温德沙伊德凭借其关于罗马法诉讼的著作《罗马法的诉讼》(Die Actio des römischen Rechts)成名,该书于1856年出版。萨维尼对罗马法中的诉讼的看法和多诺鲁斯差不多,也就是说,他们认为,诉讼是在公正的基础上用来实现不依赖于诉讼而存在的主观权利的手段。温德沙伊德则指出,如果赋予某项法律救济是符合国家政策的,那么裁判官就会代表罗马国家赋予某种诉讼。裁判官本身并不关心权利是否存在,在决定提供什么样的救济时,指引他的是他对当时的经济需要的感觉。

新的潘德克顿学者们并不承认他们在拥护某种特定的政治哲学,但他们认为罗马法是一种高度个人主义的法律。它鼓励合同自由,而不承认当事人在磋商能力上有任何不平等。它给予私人财产最大限度的保护,把商人在营业过程当中对他人造成的损害责任降低到最小限度。温德沙伊德把他们的成就概括在其三卷本著作《潘德克顿法教科书》(Lehrbuch des Pandektenrechts,1862—1870)中,该书在他于1892年去世时已经出到了第七版。公正地说,这部著作可以跟阿库修斯的伟大注释书相比拟。它适度地综合了潘德克顿法学的成果,并具有权威性,而且以一种便于参考的良好体系来安排素材。它对1900年《德国民法典》(BGB)的内容产生了巨大的影响。

《德国民法典》没有遵从《法学阶梯》的体系,而是受到其他更早的体系的影响,尤其是基督教自然法的几何学体系,该体系从一般到特殊的形式可以追溯至普芬道夫和多玛。首先有一个总则编,包含所有类型的法律交易共同的规则,也包括处理法律能力的人法部分。重点是法律行为的概念,它实质上就是阿尔图修斯(Johannes Althusius)的"negotium",也就是一个人想要使其法律地位发生变化的任何意思表示。接下来的四编更接近《法学阶梯》的体系,分别处理债、物、亲属法和继承。尽管不采用《法学阶梯》的体系,但是建构该体系所依赖的分类和许多重要规则都可以看出来源自罗马法。

刚刚描述的发展使得德意志法学成为欧洲法律思想的主导力量。诚然,《法国民法典》是十九世纪法典化国家的典范,荷兰、比利时、意大利和西班牙的民法典都以《法国民法典》为模板。然而,就法律科学而言,在法学家对法律的解释的意义上,德意志法学学术占绝对优势地位。学生们纷纷去往德意志的著名法学院学习,就好像十二世纪的时候学生们去往意大利的法学院,十六世纪去往法兰西的法学院,十七世纪去往荷兰的法学院。甚至一些英格兰的普通法学者也是如此。

第八节 德意志法学的国际影响

在十九世纪的大多数时间里,法国的法律科学由"注释学派"(exegetische Schule)主导,该学派想要完全割断法典文本和其渊源之间的联系。该学派的成员认为文本的语言是清晰、易于理解的,其首要目标是确保文本解释的确定性。十九世纪的下半叶,注释学派也受到潘德克顿学者的一般法律观念的影响。在拿破仑时期,《法国民法典》被适用于德国莱茵兰地区,而且在整个十九世纪都在该地区继续适用。德国学者写了一些关于《法国民法典》的著作,其中有一些被翻译成了法文。

在十九世纪上半叶,法国注释学派对意大利学者的影响非常大。《意大利民法典》于1865年公布,其时意大利距离完成国家统一只差最后一步。在该法典公布之后,意大利学者把潘德克顿法学作为典范。像温德沙伊德的《潘德克顿法教科书》这样的重要著作由意大利的主流学者翻译成意大利文,而主流的德国罗马法学者,比如耶林,在访问意大利时也大受欢迎。

在十九世纪的英格兰发生了关于是否应该以立法作为改革手段的争论,正反两方之间的争论主要是用罗马法术语进行的。这是因为,这个学科在十九世纪中期英格兰法律教育改革中占据着重要的地位。牛津和剑桥保留的罗马法火种在闪烁着,但伦敦的律师公会(Inns of Court)已经不再承担教育机构的职能。英国法课程在十八世纪才被这些古老大学引入,因此产生了布莱克斯通(Blackstone)百科全书式的《英格兰法评注》(Commentaries on the Laws of England),该书按照

第五章 罗马法与法典化

《法学阶梯》的体系写作。然而,直到十九世纪,欧洲大陆所理解的意义上的法学教育才真正在英格兰开始起步。

伦敦大学学院(University College London)的设立在很大程度上得益于杰里米·边沁(Jeremy Bentham)的影响。该学院设立了英格兰普通法教席和法理论意义上的法理学教席。边沁的门徒约翰·奥斯丁(John Austin),于1826年受聘法理学教席,他立即去往波恩为就职作准备。奥斯丁关于法律的一般理论来自边沁,但是他对法律概念的分析则来自德国的罗马法学者。他需要体系结构以及对一般法律概念的严格分析,并在诸如萨维尼的《论占有》和蒂堡的《潘德克顿法体系》之类的著作中找到了他想要的东西。他说,萨维尼的《论占有》是"所有法律著作中,最完美、最精湛的"。这些著作和英国法的著作之间的差异是非常显著的。"从英国法研究转向罗马法研究,你就是从混乱黑暗的帝国逃到了井然有序的光明世界。"1845年,纳撒尼尔·林德利(Nathaniel Lindley)(后来成了林德利勋爵)翻译了蒂堡的著作的总论部分,书名定为《法理学研究导论》(Introduction to the Study of Jurisprundence)。

亨利·萨姆纳·梅因(Henry Sumner Maine)起初

是一个狂热的(潘德克顿法学意义上的)罗马法拥护者,他主张把对罗马法的研究当作打开诸多思想领域大门的钥匙。他曾是剑桥的市民法"钦定教席"教授。1856年,他在一篇论文中抱怨:"我们因为缺少罗马法知识,所以显得非常无知。"他举例说明了罗马法训练对于建立分类体系和获得特定推理方式的价值。它们自十七世纪以来就在社会哲学讨论中被广为使用,并在国际法和国际关系中占据主导地位。因此,罗马法"几乎成了普遍法理学的通用语言(lingua franca)"。

1859年,《法律杂志》(Law Magazine)的一名匿名投稿人这样写道:

> 显然,其定义和分类,其思考方式以及其各部分的内在联系对我们而言远比其具体规则的细节重要。罗马法的价值如此持久,其原因在于,它是一个民族的作品,这个民族似乎是为了这个特定的目标而生,而且在那个时候,各民族的使命显得比我们现在更加明显,相互之间的区别也比今天更清晰。因此,我们不能放弃向罗马人学习法律,就像我们不能放弃向希腊人学习艺术那样。
> [Law Magazine NS, 7(1859), 382—383]

第五章 罗马法与法典化

在一些领域,德国法学的影响也渗入了英格兰判例法。在十八世纪,在曼斯菲尔德勋爵(Lord Mansfield)这样的法官的影响下,有一种要在法国著作中寻找法学一般原理的倾向,比如多玛和波蒂埃的著作,尤其是波蒂埃的债法专著。到了十九世纪,这种一般原则更多的是在德国潘德克顿法学中寻找。

法人(比如股份公司)的人格属性问题就是一个很好的示例。十九世纪中叶,英国法学家当中最流行的理论是萨维尼的理论。萨维尼认为,只有人类才具有权利能力,因此人类的集合只能通过拟制获得法律人格。奥斯丁把"法人"(legal person)这个词引入英国,这是萨维尼的"juristische Person"的英文翻译。根据这个理论,公司区别于它的股东。到十九世纪末,梅特兰指出,在德国,这个拟制理论已经让位于现实存在理论,该理论的基础观念是:法人团体是带有团体意志的有机体,因此法律必须考虑公司运营者的特点。上议院(House of Lords)在 Salomon 案[(1897)A. C. 22]中采用了拟制理论,而在 Daimler 案[(1916)2 A. C. 307]中则支持现实存在理论。

另一个示例是占有的本质问题。萨维尼坚持认为,在占有人和标的物之间必须存在某种特定的心理和物理关系。萨维尼的观点经常被认为已经在所有发达的法律体系当中获得了普遍适用。类似的还有萨维尼关于合同的观点,他认为合同法的基础是意志理论,所有的合同都要求主观上的合意。萨维尼的这个观点也被普遍接受,即便普通法经常在双方当事人以其行为导致双方相互产生合理预期的情况下也承认有合同存在。潘德克顿法学的一些观念被视为一般法理学的概念,因此应当适用于任何发达的法律体系。

第九节 梅因和他的《古代法》

十九世纪下半叶,潘德克顿法学家在英格兰的影响遇到了一个理论的抵抗,这个理论也是基于罗马法建立的,但是视角不同。该理论的典范不是潘德克顿法学家的萨维尼,而是历史法学派的建立者萨维尼。"法律的发展是自动发生的,不需要立法的干预",该理论的英国版本是由梅因在其于1861年出版的《古代法》(Ancient Law)一书中提出的,该书的副标题是"其与早期社会史的联系以及与现代观念的关系"。

萨维尼的法律发展观点是以"高贵的民族"的法律为基础建立的。梅因也将其考察限定在"进步社会"上,这个概念是从法国学者夏尔·孔特(Charles

第五章　罗马法与法典化

Comte)那里借鉴来的。而所谓的"进步社会"就是古罗马社会和英国社会。罗马法为梅因提供了法律体系的典范,它在超过一千年的发展过程中没有出现过明显的断裂。因此,他对古代法的考察是围绕古罗马法律制度的发展进行的,只是偶尔提到其他印欧社会的制度。

在古罗马,王国被由贵族统治的共和国取代,贵族对市民法的解释导致平民要求制定《十二表法》。梅因将古罗马的经验一般化,认为在社会的最早时期,获得神启的国王负责对个案作出裁决。他把这种裁决称为"地美士第"(themistes)。随后国王丧失了其神圣权力并被贵族小群体取代。后者对传统习惯法享有知识上的垄断,但由于滥用解释权,导致民众要求将这些习惯法记录下来。梅因把因此形成的书面法律称为"古代法典"。我们可以看出来这是古罗马的发展样式,但却很难说在其他社会中也是这样的,尤其是在英格兰。

对于接下来的法律转变期,梅因的运气要好一些。一些法律变革的机制可以同时在罗马法和英国法中找到,包括采用拟制的方法把新出现的情况纳入原有的分类体系中去,通过对救济的控制(罗马的裁判官和英格兰的衡平法院大法官)引入公平原则去缓和传统法律的僵化。以立法作为一种法律变革机制的做法往往在更晚的时候才会出现。

梅因的罗马法研究产生的最大影响是促进了对社会本身的研究。他指出,早期社会不是从个人开始,而是从家庭团体开始的。原始的家庭是由家长统治的,家庭成员处于家父(paterfamilias)的权力之下。这种原始家庭的形式解释了早期遗嘱、财产、合同和侵权的起源。罗马法作为一个进步社会的法律的标志是,对家庭的依赖逐渐减少,取而代之的是个人义务的增加。"个人逐步替代家庭作为市民法的重要单元……我们似乎已经逐步朝着一种社会秩序迈进。在这种社会秩序当中,所有这些关系都产生自个人的自由协议。"奴隶的地位、女性受监护的地位以及家子处于权力之下的地位全都消失,替代它们的是个人的自由协议。因此,梅因得出的结论是:"进步社会的运动至今为止是一种从身份到契约的运动。"(ch. 5)

奥斯丁已经将罗马法的特殊制度一般化,现在梅因把这些制度的历史演变一般化。梅因本人声称,其方法的基础是自然科学的方法,并且受到查尔斯·莱尔(Charles Lyell)于1830年在其《地质学原理》(Principles of Geology)中阐述的"一切发展皆为持续演进"的学说的影响。在《古代法》一书的开头,他说,古代

第五章 罗马法与法典化

社会的原始法律观念"在法学家心中的地位,就好比地球的原始地壳在地质学家心中的地位"。查尔斯·达尔文(Charles Darwin)的《物种起源》(Origin of Species)几乎与梅因的《古代法》在同一时间出版,读者们肯定可以看出两者的相似性。动物是逐步进化的,社会看起来也是如此,其结构发生变化的证据可以在法律的变化中找到。罗马法在超过一千年的时间里不断发生变化,这些变化始终有书面证据可以证明,因此被视为探索进步社会进化过程的钥匙。

尽管他的许多具体观点后来受到质疑,而且一些后来的学者因反对这些观点而成名,但是梅因的观点对于早期人类学和社会学研究产生了巨大的影响。比如,在斐迪南·滕尼斯(Ferdinand Tonnies)的名著《共同体与社会》(Gemeinschaft und Gesellschaft, 1887)中,两种对比鲜明的社会团体类型——共同体与社会,区分的基础就是梅因关于身份社会和契约社会的区分。通过说明古罗马法律制度和早期罗马社会环境之间的联系,梅因以一种对社会科学发展非常有利的方式建立了法律和社会之间的关联。

第十节　罗马法在二十世纪

随着《德国民法典》于 1900 年生效,罗马法在所有重要的欧洲国家都不再作为法律适用,即便是以一种现代化的形式。唯一的例外是圣马力诺共和国(Republik von San Marino),该国拒绝法典化,仍然适用非法典化的"共同法"(ius commune)。在法典化的法律体系中,罗马市民法不再被法院直接适用,尽管在非法典化的法律体系中其文本偶尔还会被引用,以说明一般法律原则。

在英国 1987 年的一个案件中,两个当事人的石油在一艘油轮上被混同,法官参考了一些古老的英国案例,这些案例提供的答案是:如果混同是由一方当事人的过错导致的,那么另一方当事人有权获得全部混同的石油。在确定自己没有义务受这些先例约束后,这位法官说,他可以自由地采用"正义所要求的规则",然后他采用了罗马法的"混同"(confusio)规则。根据这一规则,双方当事人应根据各自的份额(各自的份额可以准确地确定)来分这些石油,因过错混同导致的损失可以单独主张(Inst. 2.1.27)。

第五章 罗马法与法典化

在二十世纪上半叶,在实践中停止援用罗马法并没有直接影响到它在欧洲大学法学院课程表中的突出地位,它作为现代民法典法律制度的基础被讲授。然而,由于不需要再为现行法的发展提供帮助,罗马法教授们让这门学科变得比以前更具历史性。此时的目标是重构古典罗马法在其巅峰时期(公元二世纪和公元三世纪早期)的状态。

罗马法学者研究的重点是优士丁尼文本,而不是各种评注者的解释。极为有用的工具来自德国学者奥托·莱纳尔(Otto Lenel),他重构了裁判官告示文本,而且还编著了一部《市民法复原》(Palingenesia iuris civilis),该书尽可能地按照古典著作的原本顺序重新编排了优士丁尼《学说汇纂》中摘录的片段。

文本研究的重心是通过鉴别"篡改"(interpolationes)达到使文本纯净化的目的。所谓的"篡改"可能是后古典时期的编辑者作出的,也有可能是《学说汇纂》的汇编者作出的。十六世纪的人文主义学者已经开始这项工作,现在又有新的活力投入到这项工作中去,因此两次世界大战之间的罗马法学术主流是"探寻篡改"。据说,文本的变化包括形式性的和实质性的。形式性的篡改是指采用了一些特殊的拉丁语表达方式,这些表达方式被认为是拜占庭的,因此是非古典的。实质性的篡改是指文本看起来是在陈述一个被证明为非古典的理论。所遇到的困难是,每一个这样的标准的基础都是"循环论证"(petitio principii),即把未经证明的东西当作论证的依据。比如,我们并不能确切地知道三世纪的时候乌尔比安会用什么样的拉丁文写作,他实际上不是罗马出身,而是来自东地中海的推罗(Tyrus)。而且对于大多数主题而言,除了我们正在研究的那些相关文本之外,我们也不知道古典罗马法到底是什么样的。无论如何,古典法不是一个内容相互一致的整体,古典法学家之间的争议正好是其特点之一。尽管《学说汇纂》的汇编者们曾努力去消除这些争议,但是有一些还是存留在《学说汇纂》的文本之中。

对"篡改"的过度探寻使得罗马法研究在许多不是专门研究罗马法的法学家看来是一项古怪的运动,与现代法没有太大关系。因此导致的结果是,文本批判像钟摆一样在二十世纪下半叶走到了相反的另一端。现在一般认为,《学说汇纂》文本中的许多修改迹象产生的原因是汇编者们需要缩减这些文本,而不是希望对其实质性内容进行修改。因此,在大多数情况下,我们应当认为,文本现在的状态实质上记录了古典法的理论。

第五章　罗马法与法典化

在二十世纪,所有欧洲主要国家都有学者进行罗马法研究,但是学术最活跃的是德国和意大利。意大利各个大学的法学院有超过一百个罗马法教席。在二十世纪九十年代之后,东欧国家希望重新获得他们作为西方法律文化传统参与者的身份,复兴了罗马法研究,并在法学院课程表中赋予罗马法更重要的地位。

在十九世纪的时候,罗马法学者和现代民法学者之间没有明显的界限。到了二十世纪,两者之间有了一条深深的鸿沟。尽管意大利和荷兰两国分别于1942年和1992年制定了全新的民法典,但总体而言,主要欧洲国家的民法典改革都是以零敲碎打的方式进行的。在这两种情况下,评论者都已经注意到,术语上的严格性有了某种程度的缓和。而术语上的严格性正是十九世纪法典的特征。

二十世纪中期,德国掀起了一场要把罗马法研究置于"古代法律史"的广阔背景中去的运动。学者们尝试把罗马法与不断增加的其他古代法信息关联起来,尤其是古希腊法和美索不达米亚法。后者的基础研究资料是考古学家发现的大量记载与法律相关的事件的泥板。这样的证据非常有价值,因为它们能够说明实际适用中的法律,但是对于研究法律论证的方法却没有太大帮助。因为这些古代的法律体系看来都没有发展出一个可以与罗马法学家相比拟的专业法学家阶层。我们拥有古典法学家相互争论的记录,正是这一事实使得罗马法获得了丰富的内涵,也因此使得罗马法研究即使在今天仍然富有价值。

在之前的二十年里,欧洲的一体化运动以及其产生的制度激起了人们对优士丁尼法的兴趣。优士丁尼法作为古代统一欧洲的法律,甚至在中世纪仍然作为共同法存在,它跨越国界,在各个地方都被以同样的方式和同样的语言来讲解。欧共体法律制度经常被描述为新共同法的开端。不一样的是,中世纪的共同法是整个欧洲由于其无可比拟的优越性而自愿适用的,而新共同法(比如产品责任规则)主要是为了统一性而强制实行的。这种差异有时候会被忽略。

有一种观点认为,欧共体的法律在某种意义上不是什么新鲜事物,而是一个曾经涵括整个欧洲大陆的文化法律统一体的复活。不过,这种观点仍然激发了人们对"市民法传统"的兴趣。本书追溯了法律理论从优士丁尼法到现代民法典的发展历程,并且探讨了各国的学者对这一发展所做的贡献。此类研究的成果可以让我们看到,罗马人塑造的法律概念在多大程度上以一种可以被辨别的形式存留下来,同时也可以让我们看到,罗马法在发展过程中为了适应当时的需要而作出的全部改变。

参 考 文 献

通论性著作包括:K. Zweigert and H. Kötz, *An Introduction to Comparative Law*, trans. T. Weir, Oxford 1977; H. Coing, *Europäisches Privatrecht*, II: *1800 bis 1914*, Munich 1989; A. Gambaro and R. Sacco, *Sistemi giuridici comparati*, Turin 1996。

5.1. N. Horn, "Römisches Recht als gemeineuropäisches Recht bei Arthur Duck," in *Studien zur europäischen Rechtsgeschichte*, ed. W. Wilhelm, Frankfurt 1972, 170; K. Luig, "The institutes of National Law in the Seventeenth and Eighteenth Centuries," *Juridical Review* (1972), 193; G. Wesener, *Einflüsse und Geltung des römisch-gemeinen Rechts in den altösterreichischen Ländern in der Neuzeit (16 bis 18 Jahrhundert)*, Vienna 1989; J. Hilaire, *Introduction historique au droit commercial*, Paris 1986.

5.2. K. Luig, "Die Würzeln des aufgeklärten Naturrechts bei Leibniz," in *Naturrecht-Spataufklärung-Revolution*, ed. O. Dann and D. Klippel, Hamburg 1994, 61; P. Stein, "Civil Law Maxims in Moral Philosophy," *Tulane Law Review* 48 (1974), 1075; K. Luig, "Wissenschaft und Kodifikation des Privatrechts im Zeitalter der Aufklärung in der Sicht von Christian Thomasius," *Europäisches Rechtsdenken in Geschichte und Gegenwart: Festschrift H. Coing*, Munich 1982, 177; P. Cappellini,

Systema iuris 1: genesi del sistema e nascita della scienza delle pandette, Milan 1984; G. Tarello, "Sistemazione e ideologia nelle Lois civiles di Jean Domat," *Materiali per una storia della cultura giuridica*, 2 (1972), 1959.

5.4. B. Bauer and H. Schlosser, *W. X. A. Frhr. von Kreittmayr, 1705—1790*, Munich 1991; H. E. Strakosch, *State Absolutism and the Rule of Law: The Struggle for the Codification of the Civil Law in Austria, 1753—1811*, Sydney 1967; A. Schwennicke, *Die Entstehung der Einleitung des Preussischen Allgemeinen Landrechts von 1794*, Frankfurt 1993; G. Dilcher, "Die janusköpfige Kodifikation-Das preussische ALR 1794," *Zeitschrift für Europäisches Privatrecht* (1994), 446.

5.5. A. J. Arnaud, *Les origines doctrinales du code civil français*, Paris 1969.

5.6. J. P. Eckermann, *Conversations with Goethe*, trans. J. Oxenford, Everyman edn, London 1971, 313; P. Stein, *Legal Evolution: The Story of an Idea*, Cambridge 1980; J. Rückert, "Savigny's Konzeption von Jurisprudenz und Recht, ihre Folgen und ihre Bedeutung bis heute," *TvR*, 61 (1993), 65; H. Brunner, *Grundzüge der deutschen Rechtsgeschichte*, 7th edn, Leipzig 1919, 264; F. W. Maitland, "Introduction to O. Gierke," in *Political Theories of the Middle Ages*, Cambridge 1900, xvi.

5.7. J. Whitman, *The Legacy of Roman Law in the German Romantic Era*, Princeton, N. J. 1990; M. John, *Politics and the Law in Late-Nineteenth-Century Germany: The Origins of the*

Civil Code, Oxford 1989; F. Wieacker, *Rudolf von Jhering*, *ZSS (RA)* 86 (1969), 1; R. von Jhering, *Beiträge und Zeugnisse*, 2nd edn, edited by O. Behrends, Göttingen 1992; B. J. Choe, *Culpa in contrahendo bei R. von Jhering*, Göttingen 1988; U. Falk, *Ein Gelehrter wie Windscheid*, Frankfurt 1989.

5.8. J. Austin, *Lectures on Jurisprudence*, 5th edn., London 1885; P. Stein, "Legal Theory and the reform of Legal Education in Mid-Nineteenth-Century England," in *L'Educazione Giuridica* II, ed. A. Giuliani and N. Picarda, Perugia 1979, 185 (= *Character*, 231); M. Graziadei, "Changing Images of the Law in XIX-Century English Thought (The Continental Impulse)," in *The Reception of Continental Ideas in the Common Law World 1820—1920*, ed. M. Reimann, Berlin 1994; *The Victorian Achievement of Sir Henry Maine. A Centennial Reappraisal*, ed. A. Diamond, Cambridge 1991.

5.9. *Indian Oil Corp. Ltd* v. *Greenstone Shipping S. A.* [1987] 3 All E. R. 893, on which P. Stein, *Cambridge Law Journal* 46 (1987), 369; R. Knütel, "Rechtseinheit und Römisches Recht," *Zeitschrift für Europäisches Privatrecht* (1994), 244; R. Zimmermann, *The Law of Obligations: Roman Foundations of the Civilian Tradition*, Cape Town 1990.

译后记

对于罗马法学者而言,著作被翻译成德文可以说是一种荣誉。彼得·斯坦(Peter Stein,1926—2016)教授就是享有这项荣誉的为数不多的学者之一。《罗马法与欧洲》一书首先在德国以德文本出版(Peter G. Stein, Römisches Recht und Europa, Die Geschichte einer Rechtskultur, übersetzt von Klaus Luig, Fischer Taschenbuch Verlag, Frankfurt am Main 1996),之后才在英国以英文本出版(Peter Stein, *Roman Law in European History*, Cambridge University Press 1999)。随后又被译成意大利语、法语、日语以及西班牙语等多种文字。

斯坦教授是一位享誉全球的罗马法大师,曾是阿伯丁大学法理学教授(1956—1968),后担任剑桥大学市民法"钦定教席"(Regius Chairs)教授一职直至退休(1968—1993)。代表作有:《法律规则——从法律规则到法律格言》(*Regulae Iuris*:*From Juristic Rules to*

Legal Maxims,1966),《法律进化》(*Legal Evolution*,1980)以及《法律制度》(*Legal Institutions*,1984)。

罗马法自十一世纪在西欧复兴以来,经历了八百多年的继受过程,已经成为欧洲文化的重要组成部分,并对全世界的法学产生了深远的影响。不同时期的法学家通过不同的方法或者视角来研究罗马法,创造出不同的成果。大陆法系的现代民法理论正是这一发展过程的结果。对于我国而言,对罗马法及其后续发展的了解,具有特别重要的意义。一方面,我们的民法理论几乎都是舶来品,十九世纪德国潘德克顿学派的理论是其中最主要的来源,而后者正是从罗马法发展而来。不了解现行民法理论的历史背景,恐怕很难进行有益的创新,甚至连理解现行民法概念、制度都成问题。另一方面,在某种程度上,法学史、私法史、法学方法论、法哲学、自然法和法社会学研究也离不开罗马法。二十世纪之前,上述领域的理论几乎都与罗马法有关。上述领域的理论大家大多都有罗马法知识背景,缺乏对罗马法的系统认识,便很难真正读懂他们的作品。

初读《罗马法与欧洲》时,译者就有一种如获至宝的感觉。斯坦教授用较短的篇幅生动地描绘了罗马法从其最古老的时期到现代的发展历程,记录了一部生

译后记

动的欧洲法律文化史。为了和中文读者分享这部杰作,译者早于 2016 年 8 月便完成了译文初稿,但一直没能出版。

感谢北京大学出版社的赏识与支持,让这部作品有机会与中文读者见面!感谢钱玥编辑!她认真细致的校对工作让译文质量得到了进一步的提升。

感谢译稿的第一批读者:台湾东海大学的李君韬老师、西安交通大学的聂卫锋老师、深圳大学的马海峰老师、江苏大学的姜海峰老师、中国政法大学的张焕然老师、苏州大学的唐波涛老师!在译稿校对过程中,他们提供了宝贵的意见和建议。

自 2018 年起,译稿陆续以不同的方式在民法总论、罗马法、外国法制史、近代私法史、外国法制史专题研究等课程中被译者使用。感谢参与上述课程的同学!他们的提问和建议,加深了译者对译稿内容的理解。

由于译者才疏学浅,译文恐难完全避免错误,恳请读者批评指正!电子邮箱:ke_weicai@163.com。译文中仍然存在的错误,由译者独自承担责任。

柯伟才

2016 年 10 月 11 日初稿

2025 年 5 月 1 日修订